어린이생물 도서관 1

세계 장수풍뎅이 사전

The Encyclopedia of the Dynastini

어린이 생물 도서관 1

세계 장수풍뎅이 사전

펴낸날	2020년 3월 9일 초판 1쇄
	2023년 10월 25일 초판 3쇄
지은이	황슬마로
펴낸이	조영권
만든이	노인향
꾸민이	ALL design group
펴낸곳	비글스쿨
등록	2007년 11월 2일(제2022-000115호)
주소	경기도 파주시 광인사길 91, 2층
전화	031-955-1607 **팩스** 0503-8379-2657
이메일	econature@naver.com
블로그	blog.naver.com/econature
ISBN	979-11-6450-006-2 76490

황슬마로 ⓒ 2020

- 이 책의 일부나 전부를 다른 곳에 쓰려면 반드시 저작권자와 비글스쿨 모두에게 동의를 받아야 합니다.
- 잘못된 책은 책을 산 곳에서 바꾸어 줍니다.
- 비글스쿨은 자연과학 전문 출판사 자연과생태의 어린이 브랜드입니다.

어린이제품 안전특별법에 의한 기타 표시사항

제품명 도서 | **제조자명** 비글스쿨 | **제조국명** 한국 | **전화번호** 02) 701-7345~6 | **제조연월** 2020년 3월 |
사용연령 6세 이상 | **주소** (04092) 서울 마포구 신수로 25-32, 101 (구수동)
주의사항: 종이에 베이거나 긁히지 않도록 주의하세요. 책 모서리가 날카로우니 던지거나 떨어뜨리지 마세요.

어린이 생물 도서관 1   황슬마로 지음

세계 장수풍뎅이 사전

The Encyclopedia of the Dynastini

비글스쿨

CONTENTS

장수풍뎅이 세계로 초대합니다　7
먼저 읽어 보세요　8
이 책을 보는 방법　20

왕장수풍뎅이속　22

1. 헤라클레스왕장수풍뎅이
2. 티티오스왕장수풍뎅이
3. 그랜트왕장수풍뎅이
4. 힐로스왕장수풍뎅이
5. 모론왕장수풍뎅이
6. 마야왕장수풍뎅이
7. 넵투누스왕장수풍뎅이
8. 사탄왕장수풍뎅이

코끼리장수풍뎅이속　44

9. 악타이온코끼리장수풍뎅이
10. 야누스코끼리장수풍뎅이
11. 바즈드멜루코끼리장수풍뎅이
12. 마르스코끼리장수풍뎅이
13. 코끼리장수풍뎅이
14. 서방코끼리장수풍뎅이
15. 노게이라코끼리장수풍뎅이
16. 스보보다코끼리장수풍뎅이
17. 기에스코끼리장수풍뎅이
18. 티폰코끼리장수풍뎅이
19. 히페리온코끼리장수풍뎅이
20. 헤르메스코끼리장수풍뎅이

21. 아누비스코끼리장수풍뎅이
22. 파체코코끼리장수풍뎅이
23. 점각코끼리장수풍뎅이
24. 슬리퍼코끼리장수풍뎅이
25. 르콩트코끼리장수풍뎅이
26. 세드로스코끼리장수풍뎅이
27. 테르시테스코끼리장수풍뎅이
28. 보그트코끼리장수풍뎅이
29. 요한슨코끼리장수풍뎅이

톱뿔장수풍뎅이속　90

30. 테르산드로스톱뿔장수풍뎅이
31. 푸실라톱뿔장수풍뎅이
32. 단색톱뿔장수풍뎅이
33. 이네르미스톱뿔장수풍뎅이
34. 미누타톱뿔장수풍뎅이
35. 거북톱뿔장수풍뎅이
36. 클라비거톱뿔장수풍뎅이
37. 아이게우스톱뿔장수풍뎅이
38. 포터톱뿔장수풍뎅이
39. 잉카톱뿔장수풍뎅이
40. 솔리스톱뿔장수풍뎅이
41. 피사로톱뿔장수풍뎅이

* 장수풍뎅이 이름 앞에 붙은 번호는 쪽 번호가 아니라 책에 실은 순서에 따라 붙인
 각 종의 고유 번호입니다. 궁금한 종이 있으면 고유 번호를 찾아 살펴보세요.

42. 에아쿠스톱뿔장수풍뎅이
43. 고존톱뿔장수풍뎅이
44. 스파사톱뿔장수풍뎅이
45. 펠라곤톱뿔장수풍뎅이
46. 코스타리카톱뿔장수풍뎅이
47. 털보톱뿔장수풍뎅이
48. 임벨리스톱뿔장수풍뎅이
49. 넓적톱뿔장수풍뎅이
50. 아르헨티나톱뿔장수풍뎅이
51. 바그너톱뿔장수풍뎅이
52. 안티쿠아톱뿔장수풍뎅이
53. 둥근톱뿔장수풍뎅이
54. 앞톱뿔장수풍뎅이
55. 헨리톱뿔장수풍뎅이
56. 푸에블라톱뿔장수풍뎅이
57. 시날로아톱뿔장수풍뎅이
58. 패러독스톱뿔장수풍뎅이
59. 리모게스톱뿔장수풍뎅이

아프리카장수풍뎅이속   152

60. 켄타우로스아프리카장수풍뎅이
61. 가봉아프리카장수풍뎅이

애왕장수풍뎅이속   158

62. 기드온애왕장수풍뎅이
63. 꼬마애왕장수풍뎅이
64. 수마트라애왕장수풍뎅이
65. 다마르애왕장수풍뎅이
66. 굵은뿔애왕장수풍뎅이
67. 타도애왕장수풍뎅이
68. 털보애왕장수풍뎅이
69. 로르켕애왕장수풍뎅이
70. 필리핀애왕장수풍뎅이
71. 폴리안애왕장수풍뎅이
72. 율리시스애왕장수풍뎅이
73. 맥클레이애왕장수풍뎅이
74. 호주애왕장수풍뎅이
75. 갈고리애왕장수풍뎅이
76. 작은돌기애왕장수풍뎅이
77. 텔레마코스애왕장수풍뎅이
78. 니제쉬애왕장수풍뎅이
79. 플로레스애왕장수풍뎅이
80. 베커애왕장수풍뎅이
81. 남방애왕장수풍뎅이
82. 시암애왕장수풍뎅이
83. 소크라테스애왕장수풍뎅이

84. 빌트루트애왕장수풍뎅이
85. 루마위그애왕장수풍뎅이
86. 클레이니아스애왕장수풍뎅이
87. 린다애왕장수풍뎅이
88. 대장장이애왕장수풍뎅이

우단장수풍뎅이속 220
89. 우단장수풍뎅이

장수풍뎅이속 224
90. 장수풍뎅이
91. 카나모리장수풍뎅이

다비드장수풍뎅이속 234
92. 다비드장수풍뎅이

청동장수풍뎅이속 238
93. 아틀라스청동장수풍뎅이
94. 케이론청동장수풍뎅이
95. 모엘렌캄프청동장수풍뎅이
96. 엔가노청동장수풍뎅이

오각장수풍뎅이속 252
97. 하드위크오각장수풍뎅이
98. 시암오각장수풍뎅이
99. 버마오각장수풍뎅이
100. 큰오각장수풍뎅이
101. 수키트오각장수풍뎅이
102. 엔도오각장수풍뎅이

굵은남방장수풍뎅이속 268
103. 태국굵은남방장수풍뎅이
104. 미얀마굵은남방장수풍뎅이

호주장수풍뎅이속 274
105. 바르바로사호주장수풍뎅이
106. 긴뿔호주장수풍뎅이
107. 이네르미스호주장수풍뎅이
108. 파푸아호주장수풍뎅이

삼각장수풍뎅이속 283
109. 베카리삼각장수풍뎅이

찾아보기 286

장수풍뎅이 세계로 초대합니다

위풍당당 멋진 뿔이 눈길을 끄는 장수풍뎅이는 곤충 세계 아이돌이나 다름없습니다. 그래서 우리나라 어린이들이 가장 좋아하고 가장 많이 기르는 곤충도 바로 장수풍뎅이지요.

이 책에서 말하는 장수풍뎅이는 '장수풍뎅이족'이라는 큰 무리에 딸린 여러 종을 통틀어 일컫습니다. 우리나라에는 이 무리에 속하는 종이 딱 하나 살며, 이름도 무리 전체를 대표하듯이 '장수풍뎅이'입니다. 그렇다면 이 넓은 지구에는 얼마나 많은 장수풍뎅이가 살까요? 우리나라에 사는 장수풍뎅이보다 클까요? 색깔은 다를까요? 뿔은 어떤 모양일까요? 옛날에 다윈이 측량선 비글호*를 타고 세계를 탐험하면서 생물을 관찰했듯이, 여러분도 이 책을 장수풍뎅이 세계로 떠나는 탐사선으로 여기면 좋겠습니다.

지금까지(2020년) 밝혀진 모든 장수풍뎅이 사진을 실었으니 우리나라 장수풍뎅이와 비교하며 흥미롭게 살펴보기를 바랍니다. 나아가 장수풍뎅이를 좋아하는 마음이 다른 곤충으로까지 퍼진다면 더욱 좋겠습니다.

2020년 3월 황슴마로

***다윈과 측량선 비글호**
찰스 다윈(Charles Robert Darwin, 1809~1882)은 영국 생물학자입니다. 1831~1836년에 영국 해군의 측량선을 타고 세계 곳곳을 다니면서 동물과 식물, 지질 등을 샅샅이 조사했습니다. 그리고서 생물이 어떻게 나타나고, 변하고, 갈라지는지를 연구했지요. 이 내용을 담은 책이 바로 『종의 기원』입니다.

먼저 읽어 보세요

생물 도감을 잘 보려면 도감에서 자주 쓰는 말이 무엇인지부터 알아야 합니다. 학명과 분류 체계, 분류학 용어, 몸 구조 이름 같은 것이지요. 처음에는 이런 말이 낯설고 어려울 수 있습니다. 그래도 한번 익혀 두면 어떤 생물 도감을 보더라도 두고두고 써먹을 수 있으니 꼭 알아 두면 좋겠습니다. 그럼 지금부터 함께 차근차근 살펴보도록 해요.

● **학명에 담긴 뜻**

어떤 생물을 두고 나라마다 부르는 이름이 달라서 헷갈릴 때가 있습니다. 그래서 제각각 나라에서는 뭐라고 부르든 학자들끼리 대화할 때는 공통된 이름을 쓰기로 했지요. 이 이름이 바로 '학명(scientific name)'입니다.

생물에 이름을 붙일 때는 '속명(genus name)'과 '종명(species name)'이라는 두 단어를 나란히 놓고, 누가 몇 년도에 이름 붙였는지를 밝히기로 했습니다. 그리고 이 두 단어는 반드시 라틴어로 쓰기로 했지요. '속'과 '종'을 나란히 놓는 방식은 '어떤 집안의 누구'라고 부르는 방식과 같습니다.

라틴어를 쓰기로 한 데에는 이유가 있어요. 언어도 생물과 같아서 생겨났다가 진화하기도 하고, 더는 쓰지 않으면 사라지기도 합니다. 그래서 한번 지은 이름이 여러 사람 입에 오르내리면서 바뀔 일을 걱정해, 지금은 아무 나라에서도 쓰지 않는 죽은 언어인 라틴어로 쓰는 것이지요.

학명은 학자들끼리 쓰자고 지은 이름이니 우리가 반드시 알아야 하지는 않습니다. 우리나라에 사는 장수풍뎅이를 학자들은 '트리폭실루스 디코토무스(*Trypoxylus dichotomus*)'라고 부르겠지만, 우리는 '장수풍뎅이'라고 부르면 되니까요.

다만 이 책에 실은 종들은 거의가 다른 나라에 살기에 우리말 이름이 없습니다. 그래서 이 책에서는 임시로 우리말 이름을 지어 붙였지만 누구나 쓰는 이름이 아니어서 학명도 나란히 실을 수밖에 없었어요.

학명을 나타낼 때에도 몇 가지 규칙이 있습니다.

- 속명과 종명은 오른쪽으로 기울인 *이탤릭체*로 씁니다. 이탤릭체로 쓰기가 어려우면 밑줄을 칩니다.
- 속명 첫 글자는 반드시 알파벳 대문자로 쓰며, 나머지는 소문자로만 씁니다.
- 아종이 있다면 종명 뒤에 알파벳 소문자로 아종명을 이어 써서 세 단어가 되도록 합니다.
- 아속이 있다면 속명 뒤에 쓰고 괄호로 묶습니다. 이때 괄호는 기울이지 않습니다.
- 학명을 붙인 사람(명명자)의 이름과 연도는 이탤릭체로 기울이지 않습니다. 명명자 뒤에 쉼표를 찍고 한 칸 띄어 이름 붙인 연도를 적습니다.
- 어떤 사람이 어떤 생물을 발견해 처음 이름을 붙인 뒤에 다음 세대 연구자가 종의 소속을 바꾸었을 때, 그러니까 속명을 바꾸었을 때에는 사람 이름과 발표 연도를 반드시 괄호로 묶습니다.

■ **아속과 아종이 없을 때**

Megasoma occidentalis Bolívar, Jimenez et Martínez, 1963 서방코끼리장수풍뎅이
　　　　①　　　　　②　　　　　　　　　③

① **속명**: '메가소마'라는 속명 첫 글자를 알파벳 대문자로 씁니다.
② **종명**: '옥키덴탈리스'라는 종명은 모두 알파벳 소문자로 씁니다. 아종명이 없이 두 단어로 끝났으므로 아직까지 아종이 알려지지 않은 종이라는 것을 알 수 있습니다.
③ **명명자와 발표 연도**: 연구자 3명이 함께 1963년에 발표했다는 뜻이며, 라틴어 'et'은 영어에서 'and'와 같습니다. 또한 연구자 이름과 연도에 괄호가 없으므로 1963년 발표할 때와 지금 속명이 같다는 것을 뜻합니다.

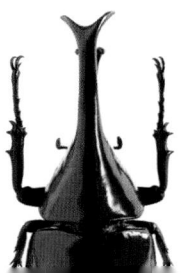

■ 아속과 아종이 있을 때

Dynastes (Dynastes) hercules hercules (Linnaeus, 1758) 헤라클레스왕장수풍뎅이
    ①   ②   ③   ④   ⑤

① **속명**: '디나스테스'라는 속명 첫 글자를 알파벳 대문자로 씁니다.
② **아속명**: '디나스테스'라는 아속명 첫 글자를 알파벳 대문자로 쓰고 괄호로 묶습니다.
③ **종명**: '헤르쿨레스'라는 종명은 알파벳 소문자로만 씁니다.
④ **아종명**: '헤르쿨레스'라는 아종명은 종명에 이어 알파벳 소문자로 씁니다. 이 예에서는 종명과 아종명이 똑같기 때문에 원명아종이라는 것을 알 수 있습니다.
⑤ **명명자와 발표 연도**: 1758년 이 종에 맨 처음 이름을 붙인 사람은 린네인데, 명명자와 연도가 괄호로 묶였으므로 발표 당시에는 속명이 '디나스테스(*Dynastes*)'가 아니었다는 것을 알 수 있습니다. 실제로 린네는 헤라클레스왕장수풍뎅이를 '스카라비우스(*Scarabaeus*)'라는 속으로 발표했고, 1819년에 영국 학자 맥클레이가 지금 쓰는 속명(*Dynastes*)을 새롭게 발표했습니다.

● 분류학 용어에 담긴 뜻

생물을 나누는 분류 체계는 수많은 생물 특성을 잘 이해하고자 사람들이 만든 개념이고, 비슷한 특징끼리 모둠 짓거나 다른 점을 비교해 가르는 방식이에요.

분류 체계는 계(界, kingdom) 〉 문(門, phylum) 〉 강(綱, class) 〉 목(目, order) 〉 과(科, family) 〉 속(屬, genus) 〉 종(種, species) 7단계로 나눕니다. 그리고 과와 속 사이에서 아과(亞科, subfamily)와 족(族, tribe)으로 다시 가르거나 종 아래 단계에서 아종(亞種, subspecies)으로 잘게 나누기도 합니다.

이 책에서 다루는 '장수풍뎅이'란 동물계(kingdom Animalia) 〉 절지동물문(phylum Arthropoda) 〉 곤충강(class Insecta) 〉 딱정벌레목(order Coleoptera) 〉 풍뎅이과(family Scarabaeidae) 〉 장수풍뎅이아과(subfamily Dynastinae)에 속한 장수풍뎅이족(tribe Dynastini)에 딸린 종들이에요.

장수풍뎅이족에 딸린 종은 발목마디 길이가 종아리마디 길이와 거의 비슷하거나 더 길고, 수컷에게는 모양이 다양한 머리뿔과 가슴뿔이 있으며 암컷은 뿔이 없거나 매우 짧아요. 그래서 거의가 암컷과 수컷 생김새가 전혀 다르지요. 흔히 13개 속으로 다시 나누며, 사는 곳에 따라 구분한 목록은 다음과 같습니다.

장수풍뎅이족 분류

Kingdom **Animalia** Linnaeus, 1758	동물계
Phylum **Arthropoda** Latreille, 1829	절지동물문
Class **Insecta** Linnaeus, 1758	곤충강
Order **Coleoptera** Linnaeus, 1758	딱정벌레목
Family **Scarabaeidae** Latreille, 1802	풍뎅이과
Subfamily **Dynastinae** MacLeay, 1819	장수풍뎅이아과
Tribe **Dynastini** MacLeay, 1819	장수풍뎅이족

↓

2020년인 지금, 장수풍뎅이족에는 3아족 13속이 딸려 있어요.

1) Subtribe Dynastina MacLeay, 1819   왕장수풍뎅이아족 - 4속

    아메리카와 아프리카에 살아요.

Genus *Dynastes* MacLeay, 1819	왕장수풍뎅이속
Genus *Megasoma* Kirby, 1825	코끼리장수풍뎅이속
Genus *Golofa* Hope, 1837	톱뿔장수풍뎅이속
Genus *Augosoma* Burmeister, 1847	아프리카장수풍뎅이속

2) Subtribe Xylotrupina Hope, 1845   애왕장수풍뎅이아족 - 4속

    아시아와 호주에 살아요.

Genus *Xylotrupes* Hope, 1837	애왕장수풍뎅이속
Genus *Allomyrina* Arrow, 1911	우단장수풍뎅이속
Genus *Trypoxylus* Minck, 1920	장수풍뎅이속
Genus *Xyloscaptes* Prell, 1934	다비드장수풍뎅이속

3) Subtribe Chalcosomina Rowland et Miller, 2012   청동장수풍뎅이아족 - 5속

아시아와 호주에 살아요.

Genus *Chalcosoma* Hope, 1837	청동장수풍뎅이속
Genus *Eupatorus* Burmeister, 1847	오각장수풍뎅이속
Genus *Pachyoryctes* Arrow, 1908	굵은남방장수풍뎅이속
Genus *Haploscapanes* Arrow, 1908	호주장수풍뎅이속
Genus *Beckius* Dechambre, 1992	삼각장수풍뎅이속

속(屬, genus): 생김새나 성질이 비슷한, 한 식구 같은 종들을 모아서 묶은 단위입니다. 한 속에 단 한 종만 있을 수도 있고, 수십, 수백 종이 있을 수도 있어요. '속'이 모여 '족'을 이루고, 더 나아가서는 이보다 더 큰 단위인 '아과'와 '과'를 이룹니다. 속과 종 사이에 '아속'이 있는 무리도 있습니다. 예를 들어 왕장수풍뎅이속은 헤라클레스왕장수풍뎅이아속과 넵투누스왕장수풍뎅이아속으로 더욱 잘게 나누기도 해요.

종(種, species, sp.): 어떤 두 생물이 자연스럽게 짝짓기해 새끼를 낳고 세대를 이어갈 수 있을 때 서로 같은 종이라고 합니다. 여기에서 '자연스럽게 짝짓기한다'와 '세대를 이어갈 수 있다'는 말이 중요합니다. 예를 들어 암수 생식기 생김새가 짝짓기할 수 없을 만큼 전혀 다르거나, 생식기 생김새가 비슷하고 유전 특성도 비슷하지만 누구는 낮에 움직이고 누구는 밤에 움직여서 아예 만날 수가 없거나, 수컷 사자와 암컷 호랑이처럼 새끼(잡종)를 낳을 수는 있지만 그 새끼는 다시 세대를 이어갈 수 없으면 서로 다른 종이라고 합니다.

아종(亞種, subspecies, ssp.): 높은 산맥, 폭넓은 강으로 지역이 나뉘거나 섬에 고립되는 일이 오래되면 달라진 환경 때문에 같은 종이더라도 생김새가 달라집니다. 이런 무리를 아종이라고 해요. 예를 들어 한국에서 중국까지 널리 퍼져 사는 장수풍뎅이와 달리 대만에 사는 장수풍뎅이는 가슴뿔이 더 가느다랗기 때문에 분류학에서는 한국과 중국의 장수풍뎅이와는 다른 아종으로 봅니다. 다른 지역에 사는 아종끼리 만나더라도 생김새가 조금 다를 뿐 같은 종이기 때문에 번식에는 문제가 없어요.

한편, 여러 아종이 있을 때 그 가운데 처음으로 발표된 종은 종명과 아종명을 같게 쓰며 '원명아종(原名亞種)'이라고 부릅니다. 앞서 말했던 한국과 중국에 사는 장수풍뎅이가 바로 종명(*dichotomus*)과 아종명(*dichotomus*)이 같은 원명아종이에요.

신종(新種, new species): 세계에서 처음으로 학술지에 발표되는 종을 뜻합니다. 신종 발표가 실린 논문을 '원기재문'이라 부르며 여기에서는 신종을 생김새와 함께 자세히 설명합니다. 원기재문을 발표한 사람은 '기재자'라고 해요.

모식종(模式種, type species): 어떤 한 속을 대표하는 종을 말하며, 그 속에서 가장 먼저 발표된 종을 모식종으로 지정합니다.

모식표본(模式標本, type specimen): 연구자가 신종을 발표할 때 증거로 삼는 표본입니다. 여기에서는 대표로 4가지만 설명할게요.

1) **완모식표본**(完模式標本, holotype): 신종, 신아종 형태를 객관적 자료로 남기고자 정하는 단 하나뿐인 표본을 가리킵니다. 그 종을 상징하는 가장 중요한 기준이므로 반드시 지정해야 하는 표본입니다. 그래서 자연사박물관처럼 믿을 만한 기관에서 보관합니다.

2) **별모식표본**(別模式標本, allotype): 완모식표본과 성별이 반대인 표본입니다. 이를테면 수컷이 완모식표본이면 암컷을 별모식표본으로 지정할 수 있어요. 반드시 정해야 하는 완모식표본과는 달리 별모식표본은 꼭 지정하지 않아도 됩니다.

3) **부모식표본**(副模式標本, paratype): 신종, 신아종을 발표할 때 학자가 증거로 삼은 표본 가운데 완모식표본(혹은 별모식표본까지)을 제외한 나머지 표본을 통틀어서 부르는 말이에요. 예를 들어 수컷 3개체*와 암컷 2개체로 신종을 발표하고 별모식표본도 지정할 예정이라면, 암수 1개체씩을 제외한 나머지 수컷 2개체와 암컷 1개체를 부모식표본으로 선정할 수 있어요.

4) **총모식표본**(總模式標本, syntype): 신종, 신아종을 발표할 때 증거로 삼은 2개체 이상 표본을 뜻합니다. 완모식표본을 포함한 다른 모식표본 개념이 생기기 전, 그러니까 아주 오래전에 발표된 종은 연구에 쓰인 모든 표본을 총모식표본으로 인정합니다.

모식지(模式地, type locality): 모식표본을 채집한 곳을 가리킵니다.

---

*개체(個體, specimen)
생물 분야에서 생물 하나하나를 가리킬 때 쓰는 말입니다. 개체가 모인 무리는 개체군이라고 해요.

동물이명(同物異名, synonym) | **동명이물**(同名異物, homonym): 생물학계에서는 앞서 발표된 생물에 다른 이름을 붙이거나 반대로 이미 있는 이름을 다른 생물에 붙이는 일이 생기기도 합니다. 연구자가 어떤 종을 발견했을 때 앞선 발표들을 꼼꼼히 살피지 않는 바람에 생기는 일이지요. 국제동물명명규약에서는 조금이라도 먼저 학계에 발표된 이름만 인정하고, 나중에 발표된 이름은 모두 동물이명이나 동명이물로 처리합니다.

동정(同定, identification): 생물을 관찰한 뒤 어떤 종인지 판단하는 일입니다. 예를 들어 제주도에서 뿔이 길고 그 뿔을 포함한 몸길이가 70mm를 넘는 큰 풍뎅이를 잡은 다음, 곤충 도감을 참고해서 이 풍뎅이가 '장수풍뎅이'라는 것을 알아내는 일이 바로 '동정'이에요.

● **책에 실은 종의 우리말 이름**

이 책에 실은 장수풍뎅이들 이름은 우리나라 연구자들이 쓰는 이름과 라틴어 종명 뜻, 사는 지역 등을 살펴 가장 알맞은 것을 골랐습니다. 외국에 사는 곤충은 우리나라에서 쓰는 공식 이름인 '국명'이 없기 때문입니다. 이 책에 실은 이름은 임시로 쓰는 이름(가칭)이므로 여러분은 이대로 써도 되고, 쓰지 않아도 됩니다. 많은 사람이 이 이름을 쓴다면 언젠가는 국명으로 굳어지겠지요.

● **장수풍뎅이 모식표본을 보관하고 있는 박물관**

연구자가 어떤 종을 처음 학계에 발표할 때에는 증거가 되는 모식표본을 남기기 마련입니다. 그리고 모식표본을 보관하는 박물관이 있지요. 이 책을 만들 때에도 세계 여러 나라 박물관에서 도움을 받아 모식표본을 확인했고, 표본이나 사진도 받았습니다. 본문에서는 이름을 짧게만 실었으므로 여기에 정식 이름을 밝혀 둡니다.

독일 베를린 자연사박물관(=훔볼트대학교 자연사박물관, Museum für Naturkunde der Humboldt Universität, Berlin)
미국 네브래스카주립대학교 자연사박물관(University of Nebraska State Museum, Lincoln)
미국 뉴멕시코대학교 생물학박물관(Museum of Southwestern Biology, University of New Mexico, Albuquerque)
미국 뉴욕 자연사박물관(American Museum of Natural History, New York)
미국 스미소니언 국립자연사박물관(United States National Museum, Smithsonian Institution, Washington DC)
미국 캘리포니아 과학아카데미(California Academy of Sciences, San Francisco)
벨기에 브뤼셀 왕립자연사박물관(Institut Royal des Sciences Naturelles, Brussels)
영국 대영박물관(The British Museum, London)
영국 런던 자연사박물관(The Natural History Museum, London)
영국 스코틀랜드 왕립박물관(The National Museum of Scotland, Edinburgh, Scotland)
영국 옥스퍼드대학교 자연사박물관(Oxford University Museum of Natural History, Oxford)
프랑스 파리 국립자연사박물관(Museum National d'Histoire Naturelle, Paris)
헝가리 부다페스트 자연사박물관(Hungarian Natural History Museum, Budapest)
호주 노던준주박물관(Museum and Art Gallery of the Northern Territory, Darwin)

● **이 책에 자주 나오는 장수풍뎅이 연구자**

생물 분류 체계나 학명은 연구가 거듭되면서 자주 바뀝니다. 그런 흐름을 잘 짚으려면 논문이나 책을 살펴 한 종의 역사를 알아야 해요. 그러다 보면 장수풍뎅이를 연구하는 전 세계 연구자들이 누구인지도 저절로 알게 된답니다.

이 책을 준비하면서 모든 종의 첫 기록(원기재문)을 찾아보았고, 그 종의 분류 체계가 어떻게 변해 왔는지도 살펴보았습니다. 이미 세상을 떠난 연구자도 있고, 지금까지 활동하는 연구자도 있으며, 이 책을 만드는 데에 조언해 주고 사진이나 표본을 보내 준 연구자도 많아요. 본문에서는 이름을 짧게만 실었으므로 여기에 성과 이름, 어디에서 어떤 연구를 하는지 밝혀 둡니다.

그로시 부자(Everardo J. Grossi & Paschoal C. Grossi): 풍뎅이류를 연구하는 아버지와 아들이에요. 아버지 에베라르도 그로시는 임상병리학을 공부한 병리학자 겸 프리랜서 곤충 연구자로 남미 대륙에 사는 장수풍뎅이를 연구합니다. 아들 파스쿠알 그로시는 브라질 파라나연방대학교 동물학과에서 브라질에 사는 풍뎅이과와 사슴벌레과 분류를 연구합니다.

나가이(Shinji Nagai, 1947~2019): 일본 곤충학자입니다. 일본 에히메대학교 농학부에서 세계 풍뎅이과와 사슴벌레과를 연구했으며, 230여 종에 이르는 신종과 신아종을 발표했어요.

드뤼몽(Alain Drumont): 벨기에 곤충학자입니다. 벨기에 왕립자연사박물관 곤충 큐레이터이며 구북구에 사는 장수풍뎅이아과 분류학을 공부했어요. 최근에는 구북구와 동양구에 분포하는 하늘소과도 연구합니다.

드샹브르(Roger-Paul Dechambre, 1935~2016): 프랑스 곤충학자입니다. 파리 국립자연사박물관 큐레이터로 일하면서 수많은 딱정벌레목 신종을 발표했어요. 퇴임한 뒤에도 활발히 활동하며 2005년에 호주에 사는 장수풍뎅이아과 모든 종을 정리한 분류 도감을 발간했어요.

라트클리프(Brett C. Ratcliffe): 미국 곤충학자입니다. 네브래스카주립대학교 자연사박물관 큐레이터 겸 곤충학과 교수로 중남미에 사는 장수풍뎅이아과 형태 분류를 연구하며 160여 종에 이르는 신종을 발표했어요. 미국에서 가장 전문적인 풍뎅이 연구 조직 '팀 스카라브(Team Scarab)'도 이끌고 있어요.

레드텐바허(Ludwig Redtenbacher, 1814~1876): 오스트리아 곤충학자이자 의사입니다. 1860년에 비엔나 자연사박물관장을 지내기도 했어요.

로우랜드(J. Mark Rowland, 1946~2015): 미국 뉴멕시코대학교 소속 곤충학자입니다. 아시아에 사는 장수풍뎅이아과를 연구하며 특히 애왕장수풍뎅이속을 파고들었어요. 장수풍뎅이아과 연구자 대부분이 형태학을 연구하는 반면에 로우랜드는 DNA 염기서열에 기초한 분자생물학 연구도 진행했어요.

르콩트(John LeConte, 1825~1883): 미국 곤충학자입니다. 19살 때 딱정벌레과 20종류 신종을 묘사한 첫 번째 곤충학 논문을 발표했어요. 1883년에 세상을 떠나기 전까지 200편이 넘는 논문을 발표했으며 북아메리카에 사는 딱정벌레 신종을 약 270종 발표했어요.

린네(Carl Linnaeus, 1707~1778): 스웨덴 식물학자이자 곤충학자입니다. 생물분류학의 아버지라 불려요. 린네가 만든 생물 학명 표기법인 이명법(二名法, binomial nomenclature)은 1758년 이래 지금까지 널리 쓰이고 있어요.

만티에리(Antoine Mantilleri): 프랑스 곤충학자이자 프랑스 파리 국립자연사박물관 곤충 큐레이터입니다. 다양한 분류군 논문을 발표하고 있어요.

모론(Miguel A. Morón, 1952~2017): 멕시코 곤충학자입니다. 멕시코 베라크루스 환경연구소 연구원으로도 일했어요. 남미 대륙에 사는 풍뎅이과를 연구했고, 특히 장수풍뎅이아과 애벌레 분야 연구에서 매우 뛰어났습니다.

베이츠(Henry W. Bates, 1825~1892): 영국 곤충학자입니다. 남미 대륙에 사는 풍뎅이과를 연구했으며 494종에 이르는 신종을 발표했어요. 포식자에게 해롭지 않은 곤충이 포식자에게 해로운 다른 종의 생김새를 모방하는 것을 일컫는 '베이츠 의태'를 주장했어요.

빌러스(Joahim Willers): 독일 곤충학자입니다. 독일 베를린 자연사박물관 큐레이터로 일하며, 그곳에 소장된 딱정벌레목 표본을 관리하고 연구해요.

실베스트르(Guy Silvestre): 프랑스 곤충학자입니다. 프리랜서로 활동하며 1995년부터 장수풍뎅이 논문을 발표하기 시작해 지금까지 20여 편을 발표했어요. 애왕장수풍뎅이속을 비롯한 동남아시아와 호주의 작은 장수풍뎅이를 주로 연구합니다.

아르노(Patrick Arnaud): 프랑스 곤충학자입니다. 프리랜서로 활동하며 주로 남미 대륙 풍뎅이과를 연구해요. 프랑스에서 발행하는 딱정벌레 학술지인 『비소이로(Besoiro)』를 편집하고 출판합니다.

아바디(Esteban I. Abadie): 아르헨티나 곤충학자입니다. 국립 로사리오대학교에서 남미 대륙에 사는 풍뎅이과 분류학을 연구해요.

애로우(Gilbert J. Arrow 1873~1948): 영국 곤충학자입니다. 런던 자연사박물관 동물학 부서에서 일하며 수많은 딱정벌레 신종을 발표했어요. 65세에 퇴임한 뒤에도 그곳에서 자원봉사하며 죽기 몇 주 전까지도 연구에 전념한 것으로 유명합니다.

엔드로에디(Sebö Endrödi, 1903~1984): 헝가리 곤충학자입니다. 부다페스트 자연사박물관에서 일하며 231편에 이르는 논문을 발표했어요. 특히 엔드로에디가 죽은 이듬해인 1985년에 발표된 『세계의 장수풍뎅이아과(The Dynastinae of the World)』는 장수풍뎅이 연구자들에게 길잡이 같은 책입니다.

카트라이트(Oscar L. Cartwright, 1900~1983): 미국 곤충학자입니다. 1963년부터 스미소니언 국립자연사박물관 큐레이터로 활동하면서 논문을 86편 발표했고 130여 종에 이르는 딱정벌레 신종을 발표했어요.

톰슨(James Thomson, 1828~1897): 미국에서 태어난 프랑스 박물학자이자 곤충학자입니다. 프랑스 곤충학회 회원으로 활동하면서 하늘소과, 비단벌레과, 사슴벌레과, 풍뎅이과 표본을 아주 많이 수집했어요.

파브리시우스(Johann C. Fabricius, 1745~1808): 덴마크 곤충학자입니다. 생물 분류학이 발전하기 시작한 1700년대 중반에 활약했던 연구자로, 234종에 이르는 딱정벌레류 신종을 발표했어요.

폴리안(Renaud Paulian, 1913~2003): 프랑스 곤충학자입니다. 프랑스 과학원 위원으로, 풍뎅이과 분류학을 연구했으며 350여 편이 넘는 논문을 발표했어요.

프란디(Massimo Prandi): 이탈리아 프리랜서 연구자입니다. 최근에 매우 활발히 대형 장수풍뎅이류를 연구하고 있어요.

호프(Frederick W. Hope, 1797~1862): 영국 곤충학자입니다. 린네학회 연구원으로 활동하면서 60편이 넘는 곤충학 논문을 발표했어요. 런던 동물학회를 세웠고 런던 곤충학회장도 지냈습니다.

홀리(Luis J. Joly): 베네수엘라 곤충학자입니다. 베네수엘라 카라카스중앙대학교 교수 겸 박물관 큐레이터로 일하며, 베네수엘라에 사는 장수풍뎅이 분포를 연구합니다.

후앙(Jen-Pan Huang): 대만에서 태어난 곤충학자입니다. 미국 미시간대학교 생물학과에서 풍뎅이과를 연구합니다. 형태학뿐 아니라 DNA 염기서열을 활용한 분자생물학도 함께 연구하고 있어요.

● **장수풍뎅이 몸 구조 이름**

이 책을 보는 방법

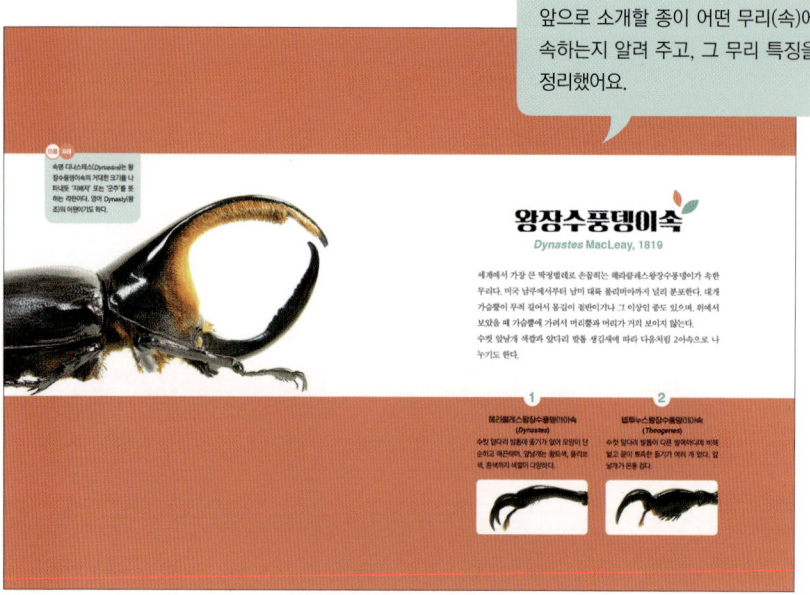

앞으로 소개할 종이 어떤 무리(속)에 속하는지 알려 주고, 그 무리 특징을 정리했어요.

각 종을 자세하게 살필 수 있도록 표본 사진과 설명을 실었어요. 암컷, 수컷 표본 사진에서 암컷은 실제보다 더 작은 비율로 나타냈으니 참고하세요.

아종이 따로 분류되어 있을 때는 지금까지 알려진 모든 아종의 사진과 설명을 실었어요.

몇몇 종에서는 표본 사진 말고 살아 있는 개체 사진도 실었어요. 종의 생김새를 다양하게 살필 수 있어요.

이름 유래

속명 디나스테스(*Dynastes*)는 왕장수풍뎅이속의 거대한 크기를 나타내듯 '지배자' 또는 '군주'를 뜻하는 라틴어다. 영어 Dynasty(왕조)의 어원이기도 하다.

왕장수풍뎅이속

Dynastes MacLeay, 1819

세계에서 가장 큰 딱정벌레로 손꼽히는 헤라클레스왕장수풍뎅이가 속한 무리다. 미국 남부에서부터 남미 대륙 볼리비아까지 널리 분포한다. 대개 가슴뿔이 무척 길어서 몸길이 절반이거나 그 이상인 종도 있으며, 위에서 보았을 때 가슴뿔에 가려서 머리뿔과 머리가 거의 보이지 않는다.
수컷 앞날개 색깔과 앞다리 발톱 생김새에 따라 다음처럼 2아속으로 나누기도 한다.

1
헤라클레스왕장수풍뎅이아속
(Dynastes)
수컷 앞다리 발톱에 돌기가 없어 모양이 단순하고 매끈하며, 앞날개는 황토색, 올리브색, 흰색까지 색깔이 다양하다.

2
넵투누스왕장수풍뎅이아속
(Theogenes)
수컷 앞다리 발톱이 다른 발목마디에 비해 넓고 끝이 뾰족한 돌기가 여러 개 있다. 앞날개가 온통 검다.

01 헤라클레스왕장수풍뎅이

원명아종

Dynastes (*Dynastes*) *hercules* (Linnaeus, 1758)

이름 유래
종명 헤르쿨레스(*hercules*)는 그리스 신화에 나오는 가장 힘센 영웅 헤라클레스(Herakles)를 뜻한다.

수컷　　　　　암컷

자연에서는 최대 몸길이 기록이 178mm이지만 최근 180mm가 넘는 사육 개체가 공개되기도 했다. 린네가 1758년에 쓴 『자연의 체계 제10판』에서 가장 처음에 소개한, 그러니까 이명법으로 발표한 세계 최초 곤충이다. 서인도제도 프랑스령 과들루프섬과 도미니카연방에 살며, 머리뿔과 가슴뿔 생김새에 따라서 원명아종을 빼고도 11아종이 알려졌다.

아종 분류는 학자에 따라 의견이 많이 갈린다. 미국 네브래스카주립대학교 라트클리프 교수는 모든 아종을 모두 동물이명 처리한 적도 있었고, 반대로 2017년에 미국 미시간대학교 연구자 후앙은 분자생물학 연구로 대부분 아종을 모두 종으로 바꾸기도 했다. 이 책에서는 많은 연구에서와 마찬가지로 지역별 개체군을 아종으로 구별해 실었다.

대개 앞가슴등판은 검고 앞날개는 노랗다. 살아 있는 개체는 주변 습도가 높아지면 앞날개 색깔이 어두워지며, 습도가 낮아지면 다시 노란색으로 돌아온다. 이렇게 앞날개 색이 달라지는 원리를 바탕으로 2010년 8월에 서강대학교 기계공학과 연구팀이 나노 구조를 사용한 습도 측정 센서를 개발했다.

가슴뿔이 다른 아종에 비해 굵다.

가슴뿔 돌기가 머리뿔 가운데 돌기보다 앞에 있는 개체가 많다.

머리뿔 끝 돌기가 삼각형이다.

머리뿔 가운데 돌기는 2~4개다.

앞날개는 광택이 조금 있고, 검은 얼룩무늬는 크기와 모양이 저마다 다르다.

● 에콰토리아누스 아종
ssp. *ecuatorianus* Ohaus, 1913

남미 대륙 중부 아마존강 언저리(페루, 에콰도르, 콜롬비아, 브라질)에 산다. 가슴뿔 돌기가 머리뿔 돌기보다 뒤쪽에 있고, 머리뿔 가운데쯤에 돌기가 없거나 1~3개 있어서 변이 폭이 크다. 머리뿔 끝 돌기는 봉긋한 기둥 모양이다.

● 레이드 아종
ssp. *reidi* Chalumeau, 1977

서인도제도 세인트루시아섬, 프랑스령 마르티니크섬에 산다. 몸집이 큰 개체라도 가슴뿔이 짧아서 머리뿔 길이와 비슷하다.

● 리쉬 아종
ssp. *lichyi* Lachaume, 1985

남미 대륙 북부에서 서부 해안 안데스산맥 고지대(베네수엘라, 콜롬비아, 에콰도르, 페루, 볼리비아)에 산다. 가슴뿔 돌기가 머리뿔 가운데 돌기보다 앞쪽에 있다. 머리뿔 가운데 돌기는 보통 1, 2개이고, 머리뿔 끝 돌기 아래가 넓게 퍼진다.

● 옥시덴탈리스 아종
ssp. *occidentalis* Lachaume, 1985

중미(파나마)에서부터 남미 대륙 안데스산맥 서부 해안 저지대(콜롬비아, 에콰도르)에 산다. 다른 아종에 비해 가슴뿔이 가늘며, 돌기가 아래로 치우쳐 있어서 머리뿔 돌기보다 뒤쪽에 있다. 머리뿔 가운데쯤에 돌기가 1, 2개 있으며, 머리뿔 끝이 안쪽으로 뚜렷하게 휜다.

● 셉텐트리오날리스 아종
ssp. *septentrionalis* Lachaume, 1985

중미(멕시코 남부, 과테말라, 온두라스, 엘살바도르, 니카라과, 코스타리카, 파나마)에 산다. 가슴뿔 돌기가 아래로 치우쳐 있어서 머리뿔 돌기보다 뒤쪽에 있다. 대개 머리뿔 가운데쯤에 돌기가 1개 있다.

● 파스쿠알 아종
ssp. *paschoali* Grossi et Arnaud, 1993

브라질 북동부 바이아주와 이스피리투산투주에 산다. 가슴뿔 돌기가 작고, 머리뿔 가운데에 돌기가 거의 없다.

부모식표본(PARATYPE)

● 블뢰제 아종
ssp. *bleuzeni* Silvestre et Dechambre, 1995
베네수엘라 동부 볼리바르주에 산다. 앞가슴등판에 점각이 매우 많다. 머리뿔 돌기는 대부분 2개이고, 머리뿔 끝 돌기가 작다.

● 트리니다드 아종
ssp. *trinidadensis* Chalumeau et Reid, 1995
서인도제도 남부 트리니다드 토바고와 그레나다에 산다. 가슴뿔 돌기가 머리뿔 가운데 돌기보다 뒤쪽에 있으며, 머리뿔 가운데 돌기는 1~3개다.

● 툭스틀라스 아종
ssp. *tuxtlaensis* Morón, 1993
멕시코 동부 베라크루스주에 산다. 앞가슴등판에 점각이 매우 많다. 가슴뿔 아래에 돌기가 없으며, 머리뿔은 가늘고 돌기가 없다.

● 타카쿠와 아종
ssp. *takakuwai* Nagai, 2002
브라질 중서부 혼도니아주에 산다. 가슴뿔과 머리뿔에 돌기가 거의 없다. 나가이가 표본 사진을 보내 주었다.

● 모리시마 아종
ssp. *morishimai* Nagai, 2002
볼리비아 라파스주에 산다. 가슴뿔이 다른 아종에 비해 굵고, 가슴뿔 돌기가 머리뿔 가운데 돌기보다 뒤쪽에 있다. 머리뿔 가운데 돌기는 2~4개이며, 앞다리 종아리마디 바깥쪽 돌기 3개가 다른 아종에 비해 조금 더 작다.

완모식표본(HOLOTYPE) ⓒ Nagai, S.

헤라클레스왕장수풍뎅이 ⓒ Feathercollector

헤라클레스왕장수풍뎅이 ⓒ Bacovsky

헤라클레스왕장수풍뎅이 레이드 아종 © Ko Shin-ping

티티오스왕장수풍뎅이

Dynastes (*Dynastes*) *tityus* (Linnaeus, 1767)

수컷

암컷

종명 티티우스(*tityus*)는 그리스 신화에 나오는 거인 티티오스(Tityos)를 뜻한다.

몸길이는 최대 64mm로 왕장수풍뎅이속에서 가장 작고, 미국 동부에만 사는 특산종*이다. 몸은 황토색이지만 흰빛이 강한 개체도 드물게 보인다. 가슴뿔이 다른 종에 비해 짧아서 머리뿔과 길이가 비슷한데, 가슴뿔 양옆에 있는 돌기 2개는 몸에 비해 크다. 앞날개에 있는 검은색 얼룩무늬가 매우 다양하다.

머리뿔과 가슴뿔 길이가 비슷하다.

가슴뿔 양옆 돌기가 비율로 보면 다른 종에 비해 크다.

*특산종(特産種)
고유종, 토착종이라고도 한다. 한 지역에서 자연스레 나타나 그곳에서만 자라는 동식물을 가리킨다.

03 그랜트왕장수풍뎅이

Dynastes (*Dynastes*) *grantii* Horn, 1870

> **이름 유래**
>
> 종명 그란티이(*grantii*)는 미국 남북 전쟁 때 북부군을 이끈 그랜트(U. S. Grant) 장군 이름을 따서 지었다는 의견이 있지만, 이보다는 미국 애리조나주 포트그랜트(Fort Grant) 지역에서 따왔다는 주장이 더 설득력 있다. 원기재문 첫 줄에 미국 포트그랜트에서 채집했다는 글귀가 실려 있기 때문이다.

수컷

암컷

몸길이는 최대 85mm이며, 미국 서부에만 사는 특산종이다. 왕장수풍뎅이속에서는 크기가 중간 정도이지만 북미 대륙에서는 가장 큰 장수풍뎅이다. 몸은 대체로 흰 편이며 가슴뿔이 길지만 가슴뿔 양옆에 있는 돌기 2개는 매우 작다. 앞날개에 있는 검은색 얼룩무늬가 매우 다양하며, 무늬가 전혀 없는 개체도 드물게 보인다.

머리뿔에 돌기가 하나 있다.

가슴뿔 아래 돌기가 다른 종에 비해 작다.

검은 얼룩무늬가 전혀 없는 개체도 드물게 보인다.

그랜트왕장수풍뎅이 © Rene Limoges

04 힐로스왕장수풍뎅이

***Dynastes* (*Dynastes*) *hyllus* Chevrolat, 1843**

> **이름 유래**
> 종명 힐루스(*hyllus*)는 그리스 신화에 나오는 헤라클레스 아들 힐로스(Hyllos)를 뜻한다.

보통 가슴뿔이 가늘지 않지만 드물게 가느다란 개체가 있다.

가슴뿔 양옆 돌기가 몸에 비해 작다.

수컷

암컷

몸길이는 최대 95mm이며, 멕시코 산타마르타 지역을 제외한 멕시코 모든 곳에 산다. 마치 티티오스왕장수풍뎅이를 확대한 듯한 모양이며, 몸은 황토색에 가까우나 흰색 느낌이 조금 더 강한 개체도 있다. 몸집이 큰 개체는 가슴뿔이 머리뿔보다 길지만 가슴뿔 양옆에 있는 돌기 2개는 티티오스왕장수풍뎅이에 비해 작다.

멕시코 푸에블라주에 사는 개체군은 가슴뿔이 더 가늘어서 미야시타왕장수풍뎅이(*D. miyashitai*)라는 신종으로 분류된 적도 있지만 지금은 동물이명으로 처리되었다.

머리뿔보다 가슴뿔이 더 길다.

머리뿔에 뾰족한 돌기가 하나 있다.

가슴뿔이 가늘다.

한때 미야시타왕장수풍뎅이로 분류했던 암수 한 쌍

05 모론왕장수풍뎅이

Dynastes (*Dynastes*) *moroni* Nagai, 2005

수컷

암컷

앞날개 가장자리에 황토색 부분이 있으며, 개체마다 이곳 너비가 다르다.

이름 유래

종명 모론이(*moroni*)는 멕시코 베라크루스 환경연구소 소속 학자인 모론(Morón) 박사를 기려 지었다. 모론 박사는 장수풍뎅이 애벌레 생김새를 분류하는 데에 매우 뛰어났다.

몸길이는 최대 98mm이며, 멕시코 남동부 산타마르타 화산 지대에 산다. 힐로스왕장수풍뎅이와 생김새가 비슷하지만 앞가슴등판이 검은색에 가까워 마치 헤라클레스왕장수풍뎅이처럼 보인다.

헤라클레스왕장수풍뎅이 툭스틀라스 아종과 사는 지역이 가까워 헷갈릴 수도 있다. 이 종 수컷은 앞가슴등판에 점각이 거의 없어 매끈하고, 암컷은 앞날개 가운데가 검은색이며 가장자리로 갈수록 황토색을 띠어 구별할 수 있다. 개체에 따라서는 암컷 앞날개 가장자리 황토색 부분이 앞날개 가운데까지 넓게 퍼지기도 한다.

처음에는 힐로스왕장수풍뎅이 아종으로 발표되었지만 2009년에 멕시코 연구자 모론이 종으로 재분류했다.

앞가슴등판은 검은색에 가깝고 광택이 있으며, 점각이 적다.

06 마야왕장수풍뎅이

Dynastes* (*Dynastes*) *maya Hardy, 2003

앞가슴등판이 검다.

수컷   암컷

이름 유래

종명 마야(*maya*)는 멕시코 남부와 과테말라를 중심으로 활동했던 중미 원주민 부족 마야(Maya)에서 따왔다.

몸길이는 최대 90mm이며, 멕시코 남부, 과테말라, 엘살바도르, 온두라스에 산다. 앞가슴등판이 검은색에 가깝다는 점은 모론왕장수풍뎅이와 비슷하지만 가슴뿔 양옆에 있는 돌기 2개가 크고, 몸집이 큰 개체는 머리뿔 가운데쯤에 있는 돌기가 도끼날 모양이라는 점이 큰 차이다. 다만, 개체마다 약간씩 변이는 있다.

모론왕장수풍뎅이와 생김새가 다르고, 힐로스왕장수풍뎅이와 사는 지역이 겹치지 않는다는 이유로 신종이 되었다. 그러나 일본 학자 나가이는 연구가 더욱 진행되어 힐로스왕장수풍뎅이가 사는 범위가 뚜렷하게 밝혀진다면 이 종이 힐로스왕장수풍뎅이 아종으로 수정될 수도 있다고 주장했다.

가슴뿔 아래 돌기가 크다.

머리뿔 가운데쯤에 도끼날 모양 돌기가 있지만 변이가 많다.

07 넵투누스왕장수풍뎅이

Dynastes (*Theogenes*) *neptunus* (Quensel, 1806)

원명아종

이름 유래

종명 넵투누스(*neptunus*)는 로마 신화에 나오는 바다의 신 넵투누스(Neptunus)를 뜻하며, 영어로는 넵튠이라 불린다. 영어 이름을 따서 넵튠왕장수풍뎅이라고도 한다.

앞날개가 맞닿는 곳에 털이 줄지어 있다.

수컷   암컷

몸길이는 최대 165mm이며, 남미 대륙 북서부 콜롬비아, 에콰도르, 페루, 베네수엘라에 산다. 헤라클레스왕장수풍뎅이 다음으로 큰 장수풍뎅이다. 가슴뿔 아래 양옆으로 큰 돌기가 2개 있고, 머리뿔이 가슴뿔만큼 길다. 머리뿔에는 돌기가 있지만 돌기 수나 생김새는 개체마다 많이 다르다.

가슴뿔 아래 양옆 돌기가 크다.

머리뿔 돌기 수와 모양은 다양하다.

● 로우체 아종
ssp. *rouchei* Nagai, 2005
베네수엘라 북서부에 살며, 원명 아종에 비해 몸이 작다. 대개 머리뿔 돌기 가운데 하나가 특히 크다. 앞날개가 맞닿는 곳말고도 털이 줄을 이룬 곳이 있다.

넵투누스왕장수풍뎅이 ⓒ Conrad Gillett

넵투누스왕장수풍뎅이 ⓒ Feathercollector

08 사탄왕장수풍뎅이

Dynastes (*Theogenes*) *satanas* Moser, 1909

수컷

암컷

> **이름 유래**
> 종명 사타나스(*satanas*)는 성서에 나오는 악마 사탄에서 따왔다고 알려지기도 했지만, 실제로는 로마 신화에 나오는 농경의 신 사투르누스(Sāturnus)에서 따왔다.

몸길이는 최대 126mm이며, 볼리비아 서부에 산다. 왕장수풍뎅이속 가운데 가장 남쪽에 사는 셈이다. 앞가슴등판 앞쪽에서부터 가슴뿔 아래까지 적갈색 털이 빽빽하다. 넵투누스왕장수풍뎅이와는 달리 가슴뿔 양옆에 큰 돌기 2개가 없다.

오랫동안 추가 기록이 없다가 최근에 볼리비아에서 새로운 서식지가 알려지며 많은 개체가 채집되었다. 볼리비아 정부 요청으로 2010년부터 멸종 우려가 있는 야생동식물 국제거래에 관한 협약(CITES) 2급 보호종으로 등록되어 표본 상업 거래가 금지되었다.

가슴뿔 아래에 돌기가 없고 적갈색 털이 있다.

코끼리장수풍뎅이속
Megasoma Kirby, 1825

미국 남부에서부터 아르헨티나 북부에 이르는 아메리카 대륙에 널리 분포한다. 북미에 사는 종은 대부분 사막 지역에 살며 몸집이 작고, 중미와 남미에 사는 종은 정글 지역에 살며 몸집이 크다. 몸길이는 20~140mm로 종에 따라 차이가 많이 난다.
수컷은 머리뿔을 중심으로 양옆에 가슴뿔이 2개 있으며, 종에 따라서는 앞가슴등판 위쪽 한가운데에 가슴뿔이 하나 더 있다.

이름 유래
속명 메가소마(*Megasoma*)는 거대한(mega) 몸(soma)이라는 뜻이다. 뜻에 걸맞게 이 무리에는 몸집이 크고 무거운 종이 많다.

09 악타이온코끼리장수풍뎅이

Megasoma actaeon (Linnaeus, 1758)

이름 유래
종명 악태온(*actaeon*)은 그리스 신화에 나오는 사냥꾼 악타이온(Aktaeon)에서 따왔다.

수컷 　　　　　　암컷

몸길이는 최대 133mm이며, 남미 북부와 동부(베네수엘라, 가이아나, 수리남, 프랑스령 기아나, 브라질 북부)에 산다. 전 세계 장수풍뎅이 가운데 뿔을 뺀 몸통이 가장 크며, 검은색을 띠고 광택은 약하다. 린네가 1758년에 펴낸 『자연의 체계 제10판』에서 헤라클레스왕장수풍뎅이에 이어 두 번째로 기록한 종이다.

남미 북부와 동부 개체군을 기준으로, 여기에서 조금 거리가 떨어진 남미 중부와 서부(콜롬비아, 에콰도르, 페루, 볼리비아, 브라질 서부)에는 좀 더 몸이 크고 앞가슴등판, 다리 돌기 모양이 미세하게 다른 개체군이 산다. 과거에는 이들을 모두 같은 종류로 여겼으나 최근에는 다른 (아)종으로 분류하는 추세다. 이들의 분류학적 위치를 정확히 정립하려면 추가 연구가 필요해 보인다.

앞가슴등판 가운데가 거의 솟지 않았다.

광택이 그리 강하지 않다.

앞다리 종아리마디 끝이 비스듬하다.

뒷다리 첫 번째 발목마디 돌기가 뾰족하다.

● **남미 중부와 서부 지역 개체군**
남미 북부와 동부 지역에 사는 악타이온과 달리, 남미 중부와 서부 지역 개체군은 몸이 더 크고 앞가슴등판 가운데가 크게 솟았다. 앞다리 종아리마디 끝이 비스듬한 정도와 뒷다리 발목마디 형태에서 미세한 차이가 있다.

앞가슴등판 가운데가 크게 솟았다.

원명아종에 비해 앞다리
종아리마디 끝이 덜 비스듬하다.

원명아종에 비해 뒷다리 첫 번째 발목마디 돌기가 뭉툭하다.

이 개체군을 두고 아래 두 학명이 같은 해(2018년)에 발표되었으며, 동물분류학 규정인 선취권 원리에 따르면 몇 개월 먼저 출판된 학명인 2번이 유효하다고 볼 수 있다. 그러나 1758년에 린네가 발표한 최초 악타이온코끼리장수풍뎅이 모식표본을 잘못 인식한 문제가 얽혀 있어서 현재 법적 공방이 이어지고 있다. 모식표본 문제가 인정되면 1번 이름이 유효하다고 볼 수도 있다. 한편 2020년 8월에 미국의 라트클리프가 이들이 전부 기존 악타이온코끼리장수풍뎅이의 동물이명이라는 논문을 출판한 것으로 볼 때, 이 개체군에 대한 학자들의 이견과 분류학적 혼란은 한동안 계속될 것으로 보인다.

1. *Megasoma rex* Prandi, 2018 : 렉스코끼리장수풍뎅이
2. *Megasoma actaeon johannae* Van Meenen et Schouteet, 2018 : 악타이온코끼리장수풍뎅이 요한나 아종

10 야누스코끼리장수풍뎅이

Megasoma janus Felsche, 1906

원명아종

이름 유래
종명 야누스(*janus*)는 로마 신화에서 문을 수호하는 신 야누스(Janus)에서 따왔다.

수컷 암컷

몸길이는 최대 120mm이며, 남미 중남부에 넓게 분포한다. 악타이온코끼리장수풍뎅이와 생김새가 비슷하지만 몸 전체 광택이 더 강하며 보기 드물다.

볼리비아 남부, 브라질, 파라과이 남부와 북서부, 아르헨티나 북부에 사는 원명아종말고 도 라미레즈 아종과 후지타 아종이 알려졌지만, 2018년 이탈리아 연구자 프란디가 아종이 아니라고 주장하며 종으로 수정하기도 했다. 그러나 이 책에서는 이 2종을 최근까지 인정하던 아종으로 다루었다.

아종 가운데 머리뿔이 가장 굵다.
가슴뿔 밑동이 굵으며 앞으로 뻗는다.
광택이 강하다.

● 라미레즈 아종
ssp. *ramirezorum* Silvestre et Arnaud, 2002
남미 북부인 가이아나, 베네수엘라, 콜롬비아, 에콰도르, 페루, 브라질에 산다. 몸에 광택이 강하며, 가슴뿔 끝이 안쪽으로 살짝 휘고, 머리뿔 끝이 원명아종보다 조금 갈라진다.

● 후지타 아종
ssp. *fujitai* Nagai, 2003
브라질 마투그로수주에 살며, 아종 가운데 광택이 가장 약하다. 몸집이 큰 개체는 가슴뿔이 앞쪽으로 곧게 뻗지만 중간 크기 개체는 곧지 않으며, 머리뿔이 원명아종에 비해 덜 휜다.

바즈드멜루코끼리장수풍뎅이
Megasoma vazdemelloi Prandi, 2018

수컷
완모식표본
(HOLOTYPE)
ⓒ Prandi, M.

암컷
별모식표본
(ALLOTYPE)
ⓒ Prandi, M.

이름 유래

종명 바즈데멜로이(*vazdemelloi*)는 이 종의 완모식표본을 채집해 기재자인 프란디에게 제공했던 브라질 학자 바즈드멜루(F. Z. Vaz-De-Mello)를 기려서 지었다.

몸길이는 최대 128mm이며, 야누스코끼리장수풍뎅이 후지타 아종과 함께 브라질 마투그로수주에만 산다. 기재자인 프란디는 이 종이 후지타 아종보다 광택이 더 강하고 몸이 훨씬 크며, 가슴뿔이 가늘고 길며 뾰족하다고 기록했다. 이 종을 후지타 아종과 똑같게 여기는 학자가 있을 수 있으며, 뒷날 연구에 따라서 동물이명으로 처리될 수도 있으나 이 책에서는 유효한 종으로 보았다. 완모식표본 수컷과 별모식표본 암컷 사진은 기재자인 프란디가 보내 주었다.

가슴뿔이 가늘고 뾰족하다.

같은 지역에 사는 야누스코끼리장수풍뎅이 후지타 아종보다 몸이 훨씬 크고, 광택이 더 강하다.

수컷
완모식표본
(HOLOTYPE)
ⓒ Prandi, M.

12 마르스코끼리장수풍뎅이

Megasoma mars Reiche, 1852

이름 유래
종명 마르스(*mars*)는 로마 신화에 나오는 전쟁과 농경의 신 마르스(Mars)에서 따왔다.

수컷

암컷

앞날개는 광택이 강하고 매끈하다.

몸길이는 최대 140mm이며, 코끼리장수풍뎅이 무리에서 가장 크다. 남미 아마존강 언저리에 있는 가이아나, 베네수엘라, 콜롬비아, 에콰도르, 페루, 브라질에 산다. 분포 지역은 넓지만 그리 흔하지는 않다. 몸은 광택이 강한 검은색이며 앞가슴등판 양옆에 있는 가늘고 끝이 뾰족한 가슴뿔 2개가 앞쪽으로 비스듬하게 뻗는다.

가슴뿔은 약 45도로 비스듬하게 뻗으며 끝이 뾰족하다.

몸은 광택이 강한 검은색이다.

마르스코끼리장수풍뎅이 ⓒ Bacovsky

마르스코끼리장수풍뎅이 ⓒ Feathercollector

마르스코끼리장수풍뎅이 번데기 ⓒ Evgovorov

13 코끼리장수풍뎅이

Megasoma elephas (Fabricius, 1775)

원명아종

> **이름 유래**
> 종명 엘레파스(*elephas*)는 라틴어로 코끼리를 뜻한다. 머리뿔이 코끼리 코처럼 길다는 점에서 비롯한 듯하다.

수컷   암컷

몸길이는 최대 130mm이며, 코끼리장수풍뎅이속 무리 가운데 마르스코끼리장수풍뎅이 다음으로 크다. 멕시코, 과테말라, 벨리즈, 엘살바도르, 온두라스, 니카라과, 코스타리카, 파나마 등 중미에 사는 흔한 종이다.
콜롬비아와 베네수엘라에 사는 보기 드문 개체군이 아종으로 기록되었다(이 아종은 한때 동물이명이던 적도 있지만 요즘 연구에서는 유효하게 인정된 것으로 보인다).

아울러 2009년에 체코 연구자 크라직이 볼리비아에서 채집한 57mm짜리 매우 작은 수컷 1개체를 머리뿔과 생식기 생김새가 약간 다르다는 점을 들어 신종(*M. svobodaorum*)으로 기재했다. 그러나 이는 코끼리장수풍뎅이 소형 수컷에서 나타나는 생김새 변이로 보아야 한다는 의견이 있어 나중에 동물이명으로 수정될 가능성이 있다.

몸에 황토색 털이 빽빽하다.

● **이이지마 아종**
ssp. *iijimai* Nagai, 2003
콜롬비아 북부, 베네수엘라 북서부에 산다. 앞가슴등판이 원명아종보다 더 붉은 털로 덮였다. 머리뿔은 마치 위에서 눌린 듯이 조금 납작하며, 원명아종보다 더 많이 휜다.

코끼리장수풍뎅이 ⓒ Ondřej Prosický

코끼리장수풍뎅이 ⓒ Bornin54

코끼리장수풍뎅이 ⓒ Bacovsky

코끼리장수풍뎅이 ⓒ Robert Jensen

14 서방코끼리장수풍뎅이

Megasoma occidentalis Bolívar, Jiménez et Martínez, 1963

수컷　암컷

종명 옥키덴탈리스(*occidentalis*)는 서쪽을 뜻하며, 멕시코 서부에 치우쳐 산다는 데에서 따왔다.

몸길이는 최대 110mm이며, 멕시코 서부에 사는 보기 드문 종이다. 본래 코끼리장수풍뎅이 아종으로 발표되었지만, 뒤에 별개 종으로 재분류되었다. 코끼리장수풍뎅이 아종으로 여겼을 만큼 생김새가 비슷하지만, 몸집이 큰 개체는 가슴뿔이 옆으로 쭉 뻗어서 머리뿔 방향과 거의 직각을 이루는 점이 특징이다.

머리뿔이 가늘면서도 매우 길다.
몸집이 큰 수컷 머리뿔은 거의 곧다.

가슴뿔은 옆으로 쭉 뻗어서 머리뿔과 직각을 이룬다.

15 노게이라코끼리장수풍뎅이
Megasoma nogueirai Morón, 2005

이름 유래

종명 노구에이라이(*nogueirai*)는 기재자인 모론에게 표본을 제공해 신종 발표에 이바지했던 멕시코 학자 노게이라(Nogueira)를 기려 지었다.

몸길이는 최대 100mm이며, 멕시코 시날로아주에 사는 특산종이다. 황토색 털이 있는 다른 큰 종들과 생김새가 비슷하지만 머리뿔이 더 짧고 굵으며, 가슴뿔 끝이 안쪽으로 뚜렷하게 휘고, 앞가슴등판 위쪽 한가운데에 매끈한 부분이 있다.

앞가슴등판 가운데에 광택이 돌고 매끈한 곳이 넓다.

머리뿔이 몸에 비해 짧고 굵다.

스보보다코끼리장수풍뎅이
Megasoma svobodaorum Krajcik, 2009

머리뿔이 짧고 굵다.

이름 유래
종명 스보보다오룸(*svobodaorum*)은 모식표본을 채집한 스보보다(David Svoboda)를 기려 지었다.

코끼리장수풍뎅이에 비해 몸집이 매우 작다.

완모식표본
(HOLOTYPE)
ⓒ Krajcik, M.

볼리비아에서 채집한 54mm 수컷 완모식표본 1개체가 알려진 매우 드문 종이다. 코끼리장수풍뎅이(*M. elephas*) 소형과 생김새가 비슷하지만 몸집이 매우 작으면서도 머리뿔이 굵으며 수컷 생식기 생김새가 꽤 다르다. 기재자인 체코 태생 연구자 크라직이 완모식표본 사진을 보내 주었다.

기에스코끼리장수풍뎅이

Megasoma gyas (Herbst, 1785)

머리뿔이 3cm 내외로 짧고 끝은 양 갈래로 심하게 갈라진다.

머리뿔이 U자 모양으로 갈라지며 끝은 뾰족하다.

이름 유래
종명 기아스(*gyas*)는 그리스 신화에 나오는 거인 기에스(Gyes)에서 따왔다.

수컷

몸길이는 최대 90mm이며 머리뿔 1개와 앞가슴등판의 긴 가슴뿔 3개가 뚜렷하다. 몸 전체는 노란 털로 덮였다. 길이 3cm 이내로 짧은 머리뿔은 U자 모양에 가깝게 갈라지며 양 갈래 끝은 뾰족한 편이다. 브라질 북동부 지역에만 분포하며, 과거에 3아종이 있는 것으로 분류되었으나 이견 및 혼란이 있어 왔다. 최근(2020. 11. 30.) 이탈리아와 브라질 학자들이 발표한 연구에 따르면 지금은 아종이 없는 단일 종으로 여겨진다.

18 티폰코끼리장수풍뎅이

원명아종

Megasoma typhon **(Olivier, 1789)**

몸길이는 최대 119mm이며 브라질 동부 해안을 따라 남북으로 길게 분포한다. 과거에 기에스코끼리장수풍뎅이 포리온 아종(*M. gyas porioni*)으로 분류했던 개체군이 바로 이 종이다. 2020년 11월 30일 이탈리아와 브라질 학자들이 공동으로 연구해 1789년에 발표되었던 이 학명으로 분류학적 위치가 재정립되었다. 기에스코끼리장수풍뎅이와 비교했을 때 머리뿔이 3cm 이상으로 긴 것이 특징이다. 기에스코끼리장수풍뎅이 프란디 아종으로 분류하던 개체군도 이 종의 지역 아종으로 재분류되었다.

머리뿔이 3cm 이상으로 기에스코끼리장수풍뎅이보다 뚜렷하게 길다.

이름 유래
종명 티폰(*typhon*)은 그리스 신화에서 가장 큰 괴물인 티폰(Typhon)의 이름을 그대로 따왔다.

수컷

암컷

원명아종은 프란디 아종보다 머리뿔이 휘는 정도가 약하다.

© Prandi, M.

● 프란디 아종
ssp. *prandii* Milani, 2008
브라질 산타카타리나주에만 분포한다. 머리뿔이 위쪽으로 강하게 휜 것이 특징이다.

히페리온코끼리장수풍뎅이

Megasoma hyperion Prandi, Grossi, et Vaz-De-Mello, 2020

몸길이는 최대 94mm이며 브라질 중부 지역(미나스제라이스주, 상파울루주)에 분포한다. 과거에 기에스코끼리장수풍뎅이 룸부허 아종(*M. gyas rumbucheri*)으로 분류하던 개체군이 바로 이 종이며, 2020년 11월 30일 이탈리아와 브라질 학자들이 공동으로 연구해 분류가 재정립되어 신종 발표되었다. 기에스코끼리장수풍뎅이와 생김새가 매우 비슷하나 머리뿔이 V자 모양에 가깝게 갈라지며 양 갈래 끝이 뭉툭한 것이 특징이다.

이름 유래

종명 히페리온(*hyperion*)은 그리스 신화에 나오는 티탄 12신 중 한 명인 히페리온(Hyperion)의 이름을 그대로 따왔다.

머리뿔은 3cm 내외로 짧고 끝이 양 갈래로 갈라진다.

수컷
완모식표본
(HOLOTYPE)
ⓒ Prandi, M.

암컷
ⓒ Prandi, M.

기에스코끼리장수풍뎅이
ⓒ Prandi, M.

기에스코끼리장수풍뎅이와 생김새가 비슷하나 머리뿔이 V자 모양에 가깝게 갈라지며 끝부분이 더 뭉툭하다.

히페리온코끼리장수풍뎅이
ⓒ Prandi, M.

ⓒ Prandi, M.

헤르메스코끼리장수풍뎅이
Megasoma hermes Prandi, 2016

수컷
완모식표본
(HOLOTYPE)
ⓒ Prandi, M.

암컷
별모식표본
(ALLOTYPE)
ⓒ Prandi, M.

종명 헤르메스(*hermes*)는 그리스 신화에 나오는 전령의 신 헤르메스(Hermes)에서 따왔다.

몸길이는 최대 81mm이며 프랑스령 기아나와 브라질 북부 호라이마주에 산다. 기에스코끼리장수풍뎅이와 생김새가 비슷하지만 온몸에 털이 없어 검게 보인다.

신종으로 발표된 지 3년 정도 흘렀지만 브라질 정부가 곤충 채집을 엄격히 제한해 추가 연구가 어려울 듯하다. 황토색 털이 모두 빠졌거나 또는 일부러 벗긴 기에스코끼리장수풍뎅이일 뿐이라며 이 종의 유효성을 의심하는 의견도 있다. 그러나 지금까지는 본 적 없던 생김새가 분명하므로 이 책에서는 유효한 종으로 실었다.

지금 대다수 표본은 이탈리아 연구자 프란디가 소장하고 있다. 완모식표본 수컷과 별모식표본 암컷 사진도 프란디가 보내 주었다.

© Prandi, M.

기에스코끼리장수풍뎅이와 생김새가 비슷하지만 온몸에 털이 없어서 검게 보인다.

21 아누비스코끼리장수풍뎅이
Megasoma anubis (Chevrolat, 1836)

수컷　　　암컷

이름 유래

종명 아누비스(*anubis*)는 이집트 신화에 나오는 죽음의 신 아누비스(Anubis)를 뜻한다.

몸길이는 최대 85mm이며, 브라질 남동부, 파라과이 남동부, 아르헨티나 북동부에 산다. 수컷 가슴뿔 끝이 뱀 혀처럼 두 갈래로 살짝 갈라진다. 몸 바탕은 검지만 전체가 황갈색 털로 덮여 있다. 암수 모두 앞날개에 세로로 길게 털이 없는 부분이 있어서 검은 줄무늬가 있는 듯하다.

가슴뿔 끝이 두 갈래로 갈라진다.

앞날개에 털이 없는 곳이 세로로 길게 늘어선다.

22 파체코코끼리장수풍뎅이

Megasoma pachecoi Cartwright, 1963

이름 유래
종명 파체코이(*pachecoi*)는 모식 표본 채집자 가운데 한 명인 멕시코 학자 파체코(F. Pacheco)를 기려 지었다.

암수 모두 다리 발목마디가 몸길이에 비해 꽤 길다.

수컷

암컷

몸길이는 최대 60mm이며, 멕시코 소노라주, 시날로아주에 산다. 광택이 강한 검은색이나 적갈색을 띤다. 몸길이에 비해 머리뿔과 가슴뿔이 길고, 다리 발목마디가 다른 종에 비해서 무척 길다. 8, 9월에 보이나 암컷은 드물다.

파체코코끼리장수풍뎅이 ⓒ Bacovsky

점각코끼리장수풍뎅이
Megasoma punctulatus Cartwright, 1952

수컷

암컷

암수 모두 앞날개에 점각이 있다.

이름 유래

종명 푼크툴라투스(*punctulatus*)는 점각이 있다는 뜻으로, 앞날개에 자잘한 점각이 매우 많다는 데에서 따왔다.

몸길이는 최대 40mm이며, 미국 남부 애리조나주에 산다. 광택이 약한 검은색이나 진한 적갈색을 띤다. 앞날개는 조금 울퉁불퉁하고 자잘한 점각이 많다. 7, 8월에 주로 보이나 수는 적으며 암컷이 수컷보다 드물다. 1952년에 발표된 원기재문에는 미국에서 코끼리장수풍뎅이속 신종이 발견된 것이 매우 놀라운 일이라고 실려 있다.

머리뿔은 위쪽으로 뻗는다.

몸집이 큰 수컷은 앞가슴등판에 매우 작은 돌기가 있다.

24 슬리퍼코끼리장수풍뎅이
Megasoma sleeperi Hardy, 1972

발목마디가 다른 종에 비해 짧다.

암수 모두 점각코끼리장수풍뎅이보다 앞날개 점각이 적으며 광택이 강하다.

수컷 　　　　　　　암컷

종명 슬리페르이(*sleeperi*)는 최초 채집자인 미국 캘리포니아주립대 슬리퍼(E. L. Sleeper) 박사를 기려 지었다.

몸길이는 최대 35mm이며, 미국 남부 캘리포니아주에 산다. 점각코끼리장수풍뎅이와 생김새가 비슷하지만 앞날개에 점각이 더 적고 광택은 강하며, 다리 발목마디가 더 짧고 가슴뿔이 없다. 미국에서 8, 9월에 보이지만 매우 드물며, 수컷보다 암컷 수가 훨씬 적다.

가슴뿔이나 돌기가 전혀 없다.

25 르콩트코끼리장수풍뎅이

Megasoma lecontei Hardy, 1972

수컷

> **이름 유래**
> 종명 레콘테이(*lecontei*)는 19세기에 아메리카 대륙 딱정벌레를 연구해 200편이 넘는 논문과 신종 270여 종을 발표했던 학자 르콩트(J. L. Le Conte)를 기려 지었다.

몸길이는 최대 35mm이며, 코끼리장수풍뎅이 종류 중에서는 최소 크기인 20mm를 기록한 종이다. 멕시코 바하칼리포르니아주 남부에 있는 라구나산 일대가 유일한 서식지이다. 몸은 검은색이며 드물게 적갈색을 띠기도 한다. 앞날개 광택과 점각은 점각코끼리장수풍뎅이보다 뚜렷하며 머리뿔이 더 굵고 길다.

8~10월에 보이지만 지금까지 알려진 수가 매우 적으며, 코끼리장수풍뎅이속 가운데 가장 보기 어렵다. 신종으로 발표된 지 50년이 다 되어 가지만 암컷은 생김새조차 알려지지 않았다.

머리뿔은 굵고, 크기가 비슷한 다른 종에 비해 길다.

앞날개 점각이 크다.

26 세드로스코끼리장수풍뎅이
Megasoma cedrosa **Hardy, 1972**

수컷

암컷

수컷은 옅은 황토색 털이 나지만 암컷은 털이 전혀 없고 광택이 강하다.

종명 케드로사(*cedrosa*)는 모식지인 세드로스(Cedros)섬에서 따왔다.

몸길이는 최대 44mm이며, 멕시코 바하칼리포르니아주 북부와 세드로스섬에 산다. 암컷은 털이 거의 없고 광택이 강하며, 수컷은 온몸에 옅은 황토색 털이 빽빽하다. 여기에 실은 수컷 사진은 앞날개 털이 조금 빠진 상태다. 6~10월에 주로 보이나 암컷은 매우 드물다.

머리뿔이 짧으며 위로 뻗는다.

가슴뿔이 거의 없다.

27 테르시테스코끼리장수풍뎅이

Megasoma thersites **LeConte, 1861**

이름 유래

종명 테르시테스(*thersites*)는 트로이 전쟁에 참전했던 포악한 그리스 병사 테르시테스(Thersites)에서 따왔다.

수컷

암컷

수컷에 비해 앞날개에 털이 적다.

몸길이는 최대 45mm이며, 멕시코 바하칼리포르니아주 남부에 산다. 몸길이에 비해 머리뿔과 가슴뿔이 길다. 수컷은 온몸이 광택 강한 검은색에 긴 황토색 털로 덮였지만, 암컷은 앞날개 가장자리에만 털이 있다. 주로 9, 10월에 많이 보인다.

몸집이 작은데도 머리뿔과 가슴뿔이 길다.

온몸에 황토색 털이 빽빽하다.

테르시테스코끼리장수풍뎅이 © Barney Streit

28 보그트코끼리장수풍뎅이

Megasoma vogti Cartwright, 1963

이름 유래
종명 보그트이(*vogti*)는 기재자인 카트라이트의 동료이자 잎벌레와 하늘소 무리를 연구하는 학자 보그트(Vogt)를 기려 지었다.

수컷   암컷

몸길이는 최대 50mm이며, 멕시코 북동부, 미국 텍사스주에 산다. 테르시테스코끼리장수풍뎅이와 생김새가 비슷하지만 몸이 좀 더 크고, 앞가슴등판 아래에 있는 가슴뿔이 짧으며 앞쪽으로 뻗는다. 8~10월에 주로 보이며 개체수가 적다.

테르시테스코끼리장수풍뎅이와 생김새가 비슷하지만 머리뿔과 가슴뿔이 더 짧다.

앞가슴등판 아래쪽 가슴뿔이 앞쪽으로 뻗는다.

보그트코끼리장수풍뎅이 ⓒ John Acorn

29 요한슨코끼리장수풍뎅이

Megasoma joergenseni Bruch, 1910

원명아종

이름 유래

종명 요르겐센이(*joergenseni*)는 남미에서 이 종을 처음 채집해 기재자인 브루흐에게 제공했던 덴마크 표본 수집가 요한슨(Joergensen)을 기려 지었다.

수컷

암컷

암수 모두 베이지색 털이 있다.

몸길이는 최대 45mm로 작지만 가슴뿔이 있다. 몸은 검은색 또는 흑갈색이며 연황색 털로 덮였고 1, 2월 채집 기록이 있다.
코끼리장수풍뎅이 무리 가운데 몸집이 큰 종은 중남미에, 작은 종은 북미에 많이 살지만 이 종은 작은데도 남미 대륙 한가운데에 산다. 나가이에 따르면 정글에 사는 큰 종과는 달리 이 종은 가혹한 환경인 황무지와 초원에 적응한 결과로 크기가 작아진 듯하다. 척박한 사막 지역이 많은 북미에 사는 종들이 남미 종들에 비해 크기가 작은 것과 같은 이유다.
아르헨티나 산루이스주, 차코주에 사는 원명아종에 이어서 파라과이에 사는 페냐 아종이 발표되었다.

머리뿔은 위로 뻗으며 거의 휘지 않는다.

가슴뿔이 짧지만 뚜렷하다.

● 페냐아종
ssp. *penyai* Nagai, 2003
파라과이 차코주(원명아종이 사는 아르헨티나 차코주와 이름은 같지만 다른 지역)에 살며, 털 색깔이 더 누렇다. 원명아종과 달리 가슴뿔이 거의 없다.

톱뿔장수풍뎅이속

Golofa Prell, 1934

중미와 남미에 널리 분포한다. 가슴뿔이 대부분 위로 길고 머리뿔에는 톱날처럼 생긴 작은 돌기가 있어서 영어로는 소이어 비틀(sawyer beetle)이라고 부른다.

작게는 25mm, 크게는 100mm를 넘을 정도로 크기가 다양하고, 몇몇 종은 가슴뿔 없이 짧은 머리뿔만 있으며, 몸집이 작은 수컷과 큰 수컷의 뿔 모양도 많이 다르다. 다른 종이더라도 생김새가 비슷하거나, 같은 종이어도 몸 색깔이 전혀 다르기도 해서 동정하기가 무척 어려운 무리다.

이름 유래

속명 골로파(*Golofa*)는 투구에 달린 털 장식을 뜻하는 라틴어 로포스(lophos)에서 따왔다. 이 무리에 딸린 종 대부분이 가슴뿔 앞쪽에 털이 빽빽한 것을 보고 지은 이름인 듯하다.

30

테르산드로스톱뿔장수풍뎅이

***Golofa* (*Mixigenus*) *tersander* (Burmeister, 1847)**

이름 유래

종명 테르산데르(*tersander*)는 그리스 중부에 있던 고대 도시 국가 테베의 왕 테르산드로스(Thersandros)에서 따왔다.

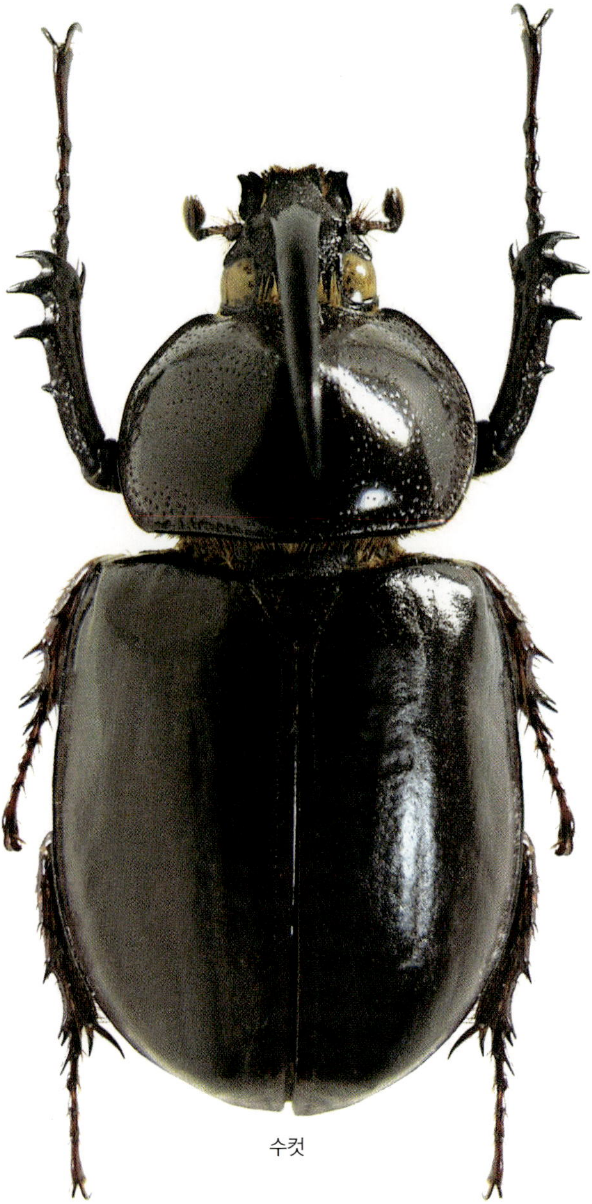

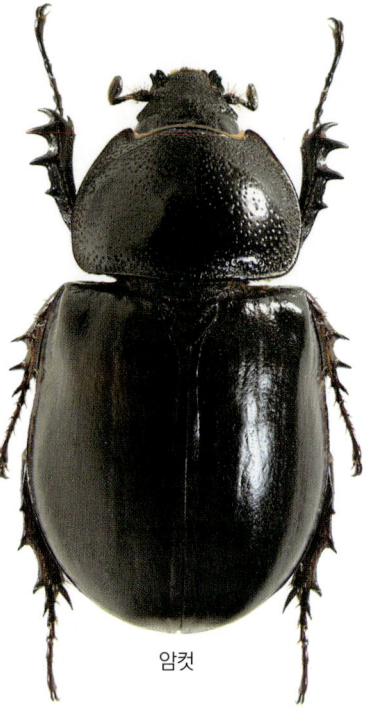

수컷

암컷

몸길이는 최대 40mm이며, 멕시코, 과테말라, 온두라스, 엘살바도르, 니카라과, 코스타리카에 산다. 해발 60~1,000m 우림 지역에서 많이 보인다. 멕시코 남부에서는 흔하지만 코스타리카에서는 매우 드물다.
암수 모두 검은색 또는 진한 흑갈색이며 약한 광택을 띠기도 한다. 수컷 머리뿔은 돌기 없이 매끈하면서 가늘고 길며, 많이 휘어서 앞가슴등판 위쪽에 거의 닿을 듯하다. 가슴뿔은 매우 짧아서 앞가슴등판이 살짝 솟은 것처럼 보인다.

암수 모두 앞다리 종아리마디에 돌기가 4개 있다.

가슴뿔이 짧다.

머리뿔은 가늘고 매우 길다.

31 푸실라톱뿔장수풍뎅이

Golofa (Mixigenus) pusilla Arrow, 1911

수컷
암컷
암수 모두 앞날개가 적갈색이다.

종명 푸실라(*pusilla*)는 라틴어로 작다는 뜻이다. 톱뿔장수풍뎅이 종류 가운데 작은 종이라는 데에서 따왔다.

몸길이는 최대 28mm이며, 멕시코에 산다. 테르산드로스톱뿔장수풍뎅이와 생김새가 비슷하지만 앞날개가 검지 않고 적갈색에 가까워 구별된다. 다만 몸이 새까만 변이형도 드물게 있다. 모론은 멕시코에 사는 톱뿔장수풍뎅이를 정리한 1995년 논문에서 이 종은 저지대에 주로 살며 옥수수밭과 사탕수수밭에서 많이 보인다고 기록했다.

가슴뿔이 거의 없다.

머리뿔은 가늘고 길다.

단색톱뿔장수풍뎅이

Golofa (Praogolofa) unicolor (Bates, 1891)

수컷

이름 유래

종명 우니콜로르(*unicolor*)는 영어로 유니컬러, 그러니까 단색을 뜻한다. 베이츠는 1891년 원기재문에서 몸에 별다른 무늬가 없고 단순한 색깔이어서 종명을 이렇게 붙였다고 밝혔다.

몸길이는 최대 35mm이며, 에콰도르, 콜롬비아, 페루에 산다. 베이츠가 남미 안데스 산맥을 탐험하다가 해발 2,750m 고지대에서 35mm 크기 암수 한 쌍을 발견해 신종으로 발표했다. 수컷은 꽤 흔하지만 암컷은 매우 드물다.

가슴뿔이 없고 앞가슴등판에 털이 없다.

온몸이 적갈색이고 무늬가 없다.

33 이네르미스톱뿔장수풍뎅이
Golofa (Praogolofa) inermis Thomson, 1859

수컷
후모식표본(LECTOTYPE)
ⓒ Mantilleri, A. (MNHN)

> **이름 유래**
> 종명 이네르미스(*inermis*)는 라틴어로 돌기 또는 뿔이 없다는 뜻이다. 뿔이 없다는 점을 따서 지은 이름인 듯하다.

몸길이는 최대 25mm이며 칠레에 산다. 분포 지역은 폭 넓지만 추가 채집 기록이 없는 매우 드문 종이다. 앞가슴등판은 온통 적갈색을 띤다. 프랑스 파리 국립자연사박물관에 표본 5개체가 보관되어 있다. 이 박물관 소속 연구자 만티에리가 후모식표본을 사진 찍어 보내 주었다.

가슴뿔이 없고 앞가슴등판에 털이 거의 없다.

온몸이 적갈색이고 무늬가 없다.

후모식표본(LECTOTYPE)
ⓒ Mantilleri, A. (MNHN)

34 미누타톱뿔장수풍뎅이

Golofa (Praogolofa) minuta Sternberg, 1910

앞가슴등판 가운데가 가장자리보다 조금 더 어둡다.

수컷   암컷

이름 유래

종명 미누타(*minuta*)는 라틴어로 작다는 뜻이다. 톱뿔장수풍뎅이 종류 가운데 크기가 매우 작다.

몸길이는 최대 28mm이며, 페루와 칠레 국경 지대에서 드물게 보인다. 가슴뿔은 없고 머리뿔이 매우 짧다. 이네르미스톱뿔장수풍뎅이와 생김새가 거의 같다.

엔드로에디는 1985년 논문에서 배 털이 빽빽하면 미누타톱뿔장수풍뎅이, 조금 성글면 이네르미스톱뿔장수풍뎅이로 분류할 수 있다고 기록했다. 그러나 라트클리프에 따르면 수컷 생식기 생김새를 반드시 살펴야 정확하게 동정할 수 있다.

가슴뿔은 없고 짧은 머리뿔만 있다.

앞가슴등판이 앞날개보다 조금 더 어둡다.

35 거북톱뿔장수풍뎅이

Golofa (*Praogolofa*) *testudinaria* (Prell, 1934)

> **이름 유래**
> 종명 테스투디나리아(*testudinaria*)는 라틴어로 거북 등딱지를 뜻한다. 위에서 보았을 때 마치 등딱지가 검은 거북처럼 보여서 이렇게 지은 듯하다.

수컷
후모식표본(LECTOTYPE)
ⓒ Willers, J.

암컷
별모식표본(ALLOTYPE)
ⓒ Willers, J.

몸길이는 최대 26mm이며, 페루 중북부에 사는 매우 드문 종이다. 비슷하게 생긴 다른 종에 비해 몸 색깔이 훨씬 어둡다. 엔드로에디는 1985년 논문에서 머리와 앞가슴등판은 검은색이고 몸은 어두운 적갈색이며, 수컷은 짧은 뿔이 있고 암컷은 제법 큰 돌기가 있다고 기록했다.
독일 베를린 자연사박물관 소속 연구자 빌러스가 암수 모식표본 사진을 보내 주었다.

머리뿔이 짧다.
수컷
비슷한 다른 종에 비해 몸 색깔이 더 어둡다.
후모식표본(LECTOTYPE)
ⓒ Willers, J.

머리에는 다른 종 암컷에 비해 큰 돌기가 있다.
암컷
별모식표본(ALLOTYPE)
ⓒ Willers, J.

36 클라비거톱뿔장수풍뎅이

Golofa (*Golofa*) *clavigera* (Linnaeus, 1771)

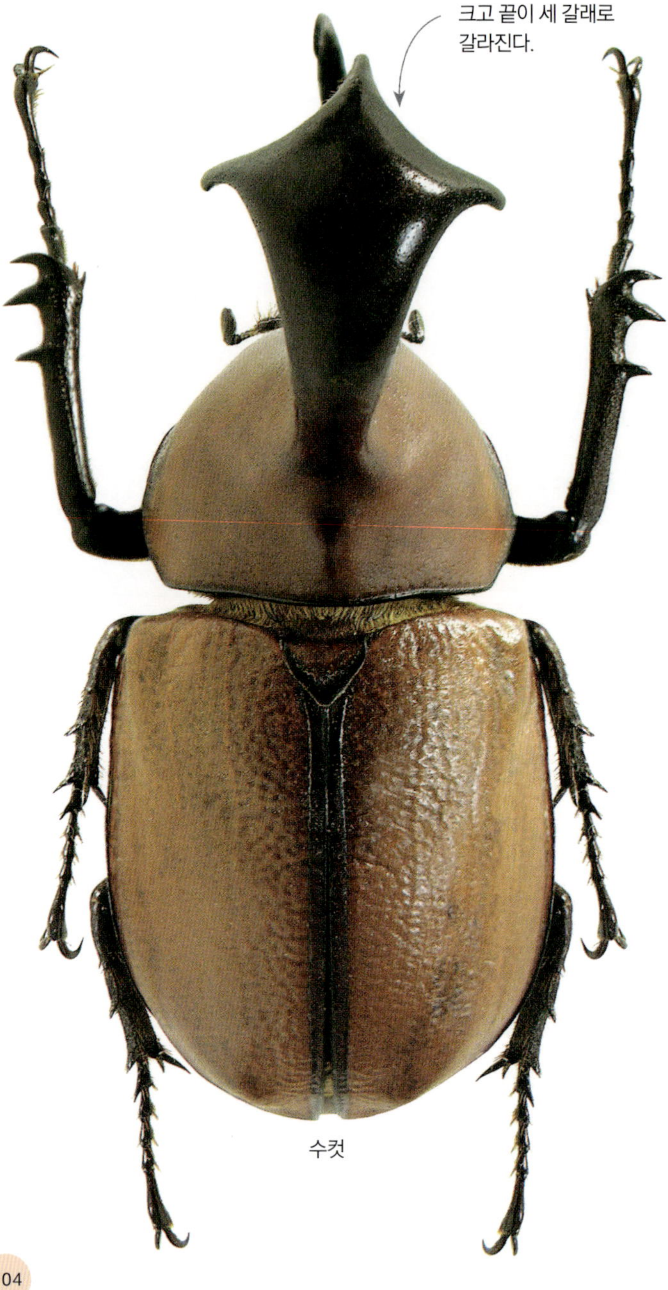

원명아종

가슴뿔이 몸에 비해 크고 끝이 세 갈래로 갈라진다.

종명 클라비게라(*clavigera*)는 그리스 신화에서 헤라클레스가 지니고 다니는 곤봉 클라바와 물건을 소유한다는 뜻인 게레레를 합친 말이다. 그러니까 곤봉을 든 헤라클레스를 뜻한다.

수컷

몸길이는 최대 65mm이다. 파나마, 콜롬비아, 베네수엘라, 가이아나, 프랑스령 기아나, 수리남, 브라질, 에콰도르, 페루, 볼리비아에서 흔히 보인다. 가슴뿔이 세 갈래로 갈라지면서 위로 솟는다. 원명아종과 달리 앤틸리스제도에 사는 것으로 알려진 길딩 아종은 지금까지 완모식표본 1개체만 알려졌다.

머리뿔은 가늘고 돌기 없이 매끈하다.

● 길딩 아종
ssp. *guildinii* (Hope, 1837)
네덜란드령 앤틸리스제도에 살며, 1837년 기록된 수컷 완모식표본만 있다. 영국 옥스퍼드자연사박물관에서 표본 사진을 보내 주었다.

완모식표본(HOLOTYPE)
ⓒ Oxford Univ. Museum of Natural History

37 아이게우스톱뿔장수풍뎅이

Golofa (*Golofa*) *aegeon* (Drury, 1773)

수컷

종명 애게온(*aegeon*)은 고대 그리스 도시 국가 아테네의 왕 아이게우스(Aigeus)에서 따왔다.

몸길이는 최대 70mm이며, 콜롬비아, 에콰도르, 페루에 산다. 머리뿔과 가슴뿔이 가늘고 길며, 포터톱뿔장수풍뎅이와 비슷하지만 앞가슴등판 앞쪽이 볼록하다. 몸집이 작은 개체에서는 이런 특징이 나타나지 않기도 해서 정확히 동정하기가 어렵다.

영국 곤충학자 드루리는 세계 각국에서 채집한 여러 곤충 컬러 삽화를 넣어 1770년, 1773년, 1782년 세 차례에 걸쳐 논문을 발표했다. 이 종은 드루리가 기재한 수많은 신종 가운데 하나로 1773년에 발표한 두 번째 논문에 실려 있다.

머리뿔과 가슴뿔이 가늘고 위로 길게 뻗었다.

앞가슴등판 앞쪽이 볼록하다. 단, 몸집이 작으면 앞가슴등판 앞쪽이 볼록하지 않은 개체가 많다.

38 포터톱뿔장수풍뎅이
Golofa (Golofa) porteri Hope, 1837

수컷

암컷

검은색을 띠며 점각이 매우 많다.

이름 유래

종명 포르테르이(*porteri*)는 이 종을 베네수엘라에서 처음 채집했던 영국 탐험가 포터(R. K. Porter)를 기려 지었다.

몸길이는 최대 105mm로 톱뿔장수풍뎅이속에서 가장 크다. 콜롬비아, 베네수엘라에 산다. 가슴뿔과 머리뿔이 가늘고 길며, 몸집이 작은 개체는 아이게우스톱뿔장수풍뎅이와 매우 비슷하지만 앞가슴등판 앞쪽이 볼록하지 않아서 구별할 수 있다.

주로 대나무 즙을 빨기 때문에 가느다란 대나무에 매달리기 알맞게 앞다리가 길며, 대부분 밤에 활동하는 다른 장수풍뎅이들과는 달리 낮에 활동한다.

- 머리뿔과 가슴뿔이 가늘고 매우 길다.
- 머리뿔 위쪽에 톱날 같은 돌기가 있다.
- 앞가슴등판 앞쪽이 볼록하지 않다.
- 앞다리가 매우 길다.

39 잉카톱뿔장수풍뎅이

Golofa (Golofa) incas Hope, 1837

수컷

암컷

몸이 검고
점각이 매우 많다.

이름 유래

종명 인카스(*incas*)는 15, 16세기에 남미 지역 일부를 다스렸던 잉카(Inca) 제국에서 따온 듯하다.

몸길이는 최대 45mm이며, 멕시코, 과테말라에 산다. 보기 드물며, 앞가슴등판 앞쪽 경사가 완만하고, 가슴뿔은 약간 짧고 앞쪽으로 뻗는다. 앞날개는 보통 적갈색을 띠지만 개체마다 색깔 변이가 심하다.

2003년에 발표된 솔리스톱뿔장수풍뎅이와 생김새가 비슷하지만 수컷 가슴뿔 끝이 뾰족해서 구별할 수 있다.

가슴뿔이 짧고 끝이 뾰족하다.

머리뿔은 가늘고 끝이 뾰족하다.

앞날개는 대개 적갈색이지만 이 개체는 검은색인 변이형이다.

40 솔리스톱뿔장수풍뎅이

Golofa (*Golofa*) *solisi* Ratcliffe, 2003

수컷
부모식표본(PARATYPE)

이름 유래

종명 솔리스이(*solisi*)는 코스타리카 국립생물다양성연구소의 딱정벌레 큐레이터인 솔리스(Solis) 박사를 기려 지었다.

몸길이는 최대 50mm이며, 코스타리카, 파나마 서부에 사는 희귀종이다. 앞가슴등판은 어둡고 앞날개는 밝은 적갈색에서 어두운 적갈색까지 다양하다. 가슴뿔이 앞쪽으로 뻗는 것이 특징이며, 잉카톱뿔장수풍뎅이와 생김새가 비슷하지만 가슴뿔 끝이 뭉툭하고 더 굵다.

기재자인 라트클리프에 따르면 해발 800~1,600m 우림 지대에서 주로 보인다. 라트클리프가 부모식표본을 보내 주었다.

가슴뿔이 앞으로 뻗으며 끝이 뭉툭하다.

머리뿔은 매우 가늘고 돌기 없이 매끈하다.

앞날개는 밝은 적갈색이나 어두운 적갈색을 띤다.

41 피사로톱뿔장수풍뎅이

Golofa (*Golofa*) *pizarro* Hope, 1837

이름 유래
종명 피자로(*pizarro*)는 15세기에 중미 지역을 침략해 식민지로 삼았던 에스파냐 정복자 피사로(F. Pizarro)에서 따왔다.

수컷

암컷

검고 점각이 매우 많다.

몸길이는 최대 47mm이며, 멕시코, 과테말라, 온두라스, 엘살바도르, 니카라과에 산다. 흔하면서도 변이 폭이 크다. 1888년 베이츠가 발표한 논문에 따르면 같은 지역에서도 생김새가 다른 개체가 여럿 있다. 사는 곳 또한 해발 300~2,800m까지로 넓어 중미를 대표하는 장수풍뎅이라 할 만하다. 몸집이 큰 수컷은 가슴뿔이 위로 뻗고, 몸집이 작은 수컷은 살짝 앞으로 뻗는다.

2000년대 중반까지 다른 종으로 여겼던 임페리얼톱뿔장수풍뎅이(*G. imperialis*)는 2006년에 라트클리프와 케이브가 공동으로 연구해서 이 종의 동물이명으로 정리했다.

가슴뿔이 위로 길게 뻗었고 가슴뿔 위쪽이 삼각형이다.

임페리얼톱뿔장수풍뎅이로 동정하던 개체. 지금은 피사로톱뿔장수풍뎅이의 동물이명이다.

피사로톱뿔장수풍뎅이 ⓒ Ratcliffe, B. C.

42 에아쿠스톱뿔장수풍뎅이

Golofa (Golofa) eacus Burmeister, 1847

> **이름 유래**
> 종명 에아쿠스(*eacus*)는 그리스 신화에 나오는 아킬레스의 할아버지 아이아쿠스(Æăcus)에서 따온 듯하다.

수컷   암컷

앞날개에 점각이 매우 많다.

몸길이는 최대 40mm이며, 베네수엘라, 에콰도르, 페루, 브라질 서부, 볼리비아, 아르헨티나에 사는 흔한 종이다. 몸 색깔은 검은색, 적갈색 등 다양하다. 몸길이에 비해 앞다리가 길며, 몸집이 큰 수컷은 머리뿔과 가슴뿔이 모두 위로 길게 뻗는다. 몸집이 작은 수컷은 머리뿔과 가슴뿔이 짧다. 암컷 앞날개에는 점각이 많다.

머리뿔과 가슴뿔이 매우 길다.

머리뿔 뒤쪽에 자잘한 돌기가 있다.

몸길이에 비해 앞다리가 길다.

에아쿠스톱뿔장수풍뎅이 ⓒ Ron Cave

에아쿠스톱뿔장수풍뎅이 ⓒ Rhamm1

43 고존톱뿔장수풍뎅이

Golofa (Golofa) gaujoni Lachaume, 1985

수컷   암컷

이름 유래

종명 가우존이(*gaujoni*)는 완모식표본을 채집해 신종 발표에 이바지했던 프랑스 채집가 고존(A. Gaujon)을 기려 지었다.

몸길이는 최대 50mm이며, 콜롬비아, 에콰도르, 페루에 산다. 에아쿠스톱뿔장수풍뎅이와 생김새가 비슷하지만 가슴뿔 끝이 주걱 모양으로 약간 넓어서 구별할 수 있다. 드샹브르는 1983년 논문에서 에콰도르 일부 지역에 가슴뿔 끝이 넓어지는 에아쿠스톱뿔장수풍뎅이가 산다고 기록했다. 이것을 라숌이 다시 살펴 2년 뒤인 1985년에 신종으로 발표했고, 발표한 것이 바로 이 종류다.

- 가슴뿔 앞쪽 털이 앞가슴등판 아래까지 이어지지 않는다.
- 가슴뿔 끝이 주걱 모양으로 살짝 넓어진다.
- 머리뿔에 돌기가 여러 개 있다.

스파사톱뿔장수풍뎅이

Golofa (*Golofa*) *spatha* Dechambre, 1989

수컷　　　　암컷

이름 유래

종명 스파사(*spatha*)는 라틴어로 칼을 뜻한다. 머리뿔 뒤쪽에 다른 종에 비해 끝이 살짝 뾰족한 돌기가 많은 것을 보고 지은 듯하다.

몸길이는 최대 50mm이며 페루에 산다. 고존톱뿔장수풍뎅이와 생김새가 매우 비슷하지만 가슴뿔 털이 앞가슴등판 아래 끝까지 이어지는 것이 다르다. 조금 보기 드문 종이다. 모식표본은 프랑스 파리 국립자연사박물관에 보관되어 있다.

가슴뿔 끝이 주걱 모양으로 살짝 넓어진다.

머리뿔에 돌기가 여러 개 있다.

가슴뿔 앞쪽 털이 앞가슴등판 아래 끝까지 이어진다.

45 펠라곤톱뿔장수풍뎅이

Golofa (*Golofa*) *pelagon* Burmeister, 1847

 이름 유래

종명 펠라곤(*pelagon*)은 그리스 중부에 있던 포키스(Phocis) 왕국을 다스린 왕 펠라곤(Pelagon)에서 딴 듯하다.

앞가슴등판이 검다.

수컷　　　암컷

몸길이는 최대 45mm이며, 콜롬비아, 브라질, 볼리비아, 아르헨티나에 산다. 머리뿔과 가슴뿔이 몸길이에 비해 짧으며 사는 지역이 넓은 만큼 변이도 다양하다.

1952년에 독일 학자 슈터는 머리뿔 뒤쪽에 있는 작은 돌기 수, 가슴뿔이 휘어지는 정도, 앞날개와 앞가슴등판 색깔로 구별하는 여러 가지 변이형을 발표하기도 했다. 여기서는 그 가운데 빨강형 수컷 사진을 실었다.

앞가슴등판이 붉다.
작은방패판이 붉다.

슈터가 발표한 펠라곤톱뿔장수풍뎅이 변이형

1 기본형(forma *typica*): 머리뿔 뒤쪽이 돌기 없이 매끈하고, 가슴뿔은 곤봉 모양이며 앞가슴등판은 검은색에 가깝다. 앞날개는 황갈색이고 작은방패판은 검은색이다.
2 돌기형(ab. *denticornis* Suter, 1952): 머리뿔 뒤쪽에 작은 돌기가 1~3개 있다.
3 두갈래형(ab. *dichotoma* Suter, 1952): 가슴뿔 앞쪽이 잘린 듯한 모양이며 끝이 두 갈래로 갈라진다.
4 빨강형(ab. *ruficollis* Suter, 1952): 앞가슴등판과 작은방패판이 모두 빨갛다.
5 검정형(ab. *atra* Suter, 1952): 온몸이 검다.

46 코스타리카톱뿔장수풍뎅이

Golofa (Golofa) costaricensis Bates, 1888

수컷

이름 유래

종명 코스타리켄시스(*costaricensis*)는 모식지인 코스타리카(Costarica)에서 따왔다.

몸길이는 최대 47mm이며, 코스타리카와 파나마 서부에 산다. 중미에 사는 톱뿔장수풍뎅이 가운데 유난히 가슴뿔이 위로 길게 뻗는다. 온몸이 검은 변이형이 드물게 보이며 몸집이 작은 수컷은 뿔 모양이 많이 다르다. 2003년에 발표된 털보톱뿔장수풍뎅이와 생김새가 비슷하지만, 앞가슴등판과 앞날개에 황토색 털이 거의 없어서 쉽게 구별할 수 있다. 라트클리프에 따르면 해발 1,250~2,400m 고지대 우림 지역에서 많이 보인다.

머리뿔은 가늘고 끝이 뾰족하며, 뒤쪽에 작은 돌기가 많다.

가슴뿔이 위로 매우 길다.

앞다리 발목마디 밑동이 다른 종에 비해 길다.

47 털보톱뿔장수풍뎅이
Golofa (*Golofa*) *hirsuta* Ratcliffe, 2003

수컷
부모식표본(PARATYPE)

이름 유래

종명 히르수타(*hirsuta*)는 라틴어로 털이 많다는 뜻으로, 이름에 걸맞게 온몸에 털이 빽빽하다.

몸길이는 최대 58mm이며, 코스타리카, 파나마 서부에 산다. 코스타리카톱뿔장수풍뎅이와 생김새가 비슷하지만 앞가슴등판과 앞날개 대부분이 잔털로 덮여 구별할 수 있다.

기재자인 라트클리프에 따르면 코스타리카톱뿔장수풍뎅이와 사는 범위는 겹치지만 서로 더 많이 지내는 지역은 다르며, 2003년에 신종으로 발표했지만 1997년에 이미 신종 여부를 확정 지었다. 라트클리프가 부모식표본을 보내 주었다.

앞가슴등판과 앞날개 표면에 황토색 잔털이 매우 많다.

앞다리 종아리마디 밑동이 길다.

48 임벨리스톱뿔장수풍뎅이
Golofa (Golofa) imbellis Bates, 1888

수컷
ⓒ Ratcliffe, B. C.

> **이름 유래**
> 종명 임벨리스(*imbellis*)는 약하다는 뜻인 라틴어로, 뿔이 없어 약해 보이는 특징에서 따온 듯하다.

몸길이는 최대 45mm이며, 과테말라, 코스타리카에 사는 매우 보기 드문 종이다. 온몸이 검고, 몸집이 큰 수컷만 머리에 매우 짧은 돌기가 있다.

베이츠는 1888년에 17개체를 증거 표본으로 삼아 이 종을 발표했다. 라트클리프는 2003년 논문에서 서식지가 개발과 벌목으로 많이 파괴되었고, 해발 1,875~2,200m 화산 지역이라 기온이 낮아서 현지 채집가들이 좀처럼 찾아가지 않기 때문에 베이츠의 발표 뒤로 추가 기록이 매우 적은 것 같다고 썼다.

머리뿔이 작은 돌기 같다.
앞가슴등판 앞쪽에 적갈색 털이 있다.
몸이 검다.

© Ratcliffe, B. C.

49 넓적톱뿔장수풍뎅이
Golofa (*Golofa*) *cochlearis* Ohaus, 1910

수컷　　암컷

이름 유래

종명 코클레아리스(*cochlearis*)는 라틴어로 나선형 또는 숟가락을 뜻하며, 넓적하게 휜 머리뿔을 두고 지은 듯하다.

몸길이는 최대 40mm이며, 아르헨티나 카타마르카주에만 사는 특산종이다. 아르헨티나톱뿔장수풍뎅이와 생김새가 매우 비슷하지만 몸 색깔이 더 밝으며 머리뿔이 넓적하다. 가슴뿔이 전혀 없으며 앞가슴등판 앞쪽에 황토색 또는 적갈색 털이 있다.

가슴뿔이 없으며 앞가슴등판 앞쪽에 털이 있다.

머리뿔이 넓적하다.

131

50 아르헨티나톱뿔장수풍뎅이
Golofa (Golofa) argentina Arrow, 1911

수컷　　　　　　암컷

이름 유래
종명 아르젠티나(*argentina*)는 모식지인 아르헨티나(Argentina)에서 따왔다.

몸길이는 최대 38mm이며, 아르헨티나에 산다. 애로우는 원기재문에 아르헨티나 코르도바주와 멘도사주가 서식지라고 기록했다. 넓적톱뿔장수풍뎅이와 비슷하지만 머리뿔 끝이 가늘고 뾰족하며 앞가슴등판 털이 더 빽빽해서 구별할 수 있다.

머리뿔이 짧다.

가슴뿔은 없고, 앞가슴등판 앞쪽에 털이 많다.

51 바그너톱뿔장수풍뎅이
Golofa (Golofa) wagneri Abadie, 2007

수컷
© Grossi, E.

이름 유래
종명 와그네르이(*wagneri*)는 기재자인 아바디와 함께 모식표본을 채집했던 아르헨티나 채집가 바그너(Wagner)를 기려 지었다.

몸길이는 최대 29mm이며, 아르헨티나 북서부 후후이주에 사는 희귀종이다. 넓적톱뿔장수풍뎅이와 생김새가 비슷하지만 머리뿔이 약간 짧고 끝이 더욱 뾰족하다. 2001년 1월 29일 아르헨티나 후후이주 해발 1,720m 고지대에서 채집한 수컷 2개체가 모식표본으로 지정되었다.

가슴뿔이 없고, 앞가슴등판 앞쪽에 황토색 털이 있다.

머리뿔 끝이 뾰족하다.

수컷
ⓒ Grossi, E.

52 안티쿠아톱뿔장수풍뎅이
Golofa (Golofa) antiqua Arrow, 1911

수컷
총모식표본(SYNTYPE)
ⓒ Mantilleri, A. (MNHN)

이름 유래

종명 안티쿠아(*antiqua*)는 라틴어로 멋스러움 또는 고풍스러움을 뜻한다.

몸길이는 최대 50mm이며, 콜롬비아에만 사는 특산종이다. 1911년에 신종 발표된 뒤로 추가 기록이 거의 없는 매우 드문 종이다. 원기재문에 따르면 모식지는 콜롬비아 서쪽 카우카 지역이며 몸 색깔은 적갈색부터 아주 검은색까지 변이가 심하다.

프랑스 파리 국립자연사박물관에 보관된 총모식표본을 이 박물관 소속 연구자 만티에리가 사진 찍어 보내 주었다.

머리뿔은 약간 가늘고 끝이 많이 휜다.

가슴뿔은 위나 조금 앞으로 뻗는다.

총모식표본(SYNTYPE)
ⓒ Mantilleri, A. (MNHN)

53 둥근톱뿔장수풍뎅이

Golofa (Golofa) globulicornis Dechambre, 1975

수컷

암컷

새까맣고 점각이 많다.

종명 글로불리코르니스(*globulicornis*)는 둥그스름한 뿔을 뜻하는 라틴어로, 뿔이 둥근 데에서 따왔다.

몸길이는 최대 48mm이며, 멕시코에 산다. 몸 크기에 비해 가슴뿔이 굵으며, 위에서 보았을 때 가슴뿔이 마치 검은 방울처럼 보인다. 멕시코 연구자 모론에 따르면 해발 1,400~2,450m에 있는 소나무류와 참나무류가 우거진 숲에서 주로 보인다.

머리뿔은 가늘고 길다.

가슴뿔은 짧고 굵다.
위에서 보면 가슴뿔이 검은 방울 같다.

54 앞톱뿔장수풍뎅이

Golofa (*Golofa*) *obliquicornis* Dechambre, 1975

> **이름 유래**
> 종명 오블리쿠이코르니스(*obliquicornis*)는 라틴어로 비스듬한 뿔을 뜻한다. 가슴뿔이 위가 아니라 앞으로 뻗은 데에서 따온 듯하다.

수컷

몸길이는 최대 48mm이며, 코스타리카, 파나마에 산다. 가슴뿔이 위로 솟지 않고 앞쪽으로 뻗는다. 중미에 사는 종 가운데 가슴뿔이 앞쪽으로 뻗는 종은 이 종 하나뿐이다. 라트클리프에 따르면 해발 1,360~2,300m 우림 지대에 산다. 그러나 보기는 쉽지 않다.

가슴뿔이 굵으며 앞으로 뻗는다.

앞톱뿔장수풍뎅이 ⓒ Stephane Le Tirant

55

헨리톱뿔장수풍뎅이

Golofa **(*Golofa*)** ***henrypitieri*** **Arnaud et Joly, 2006**

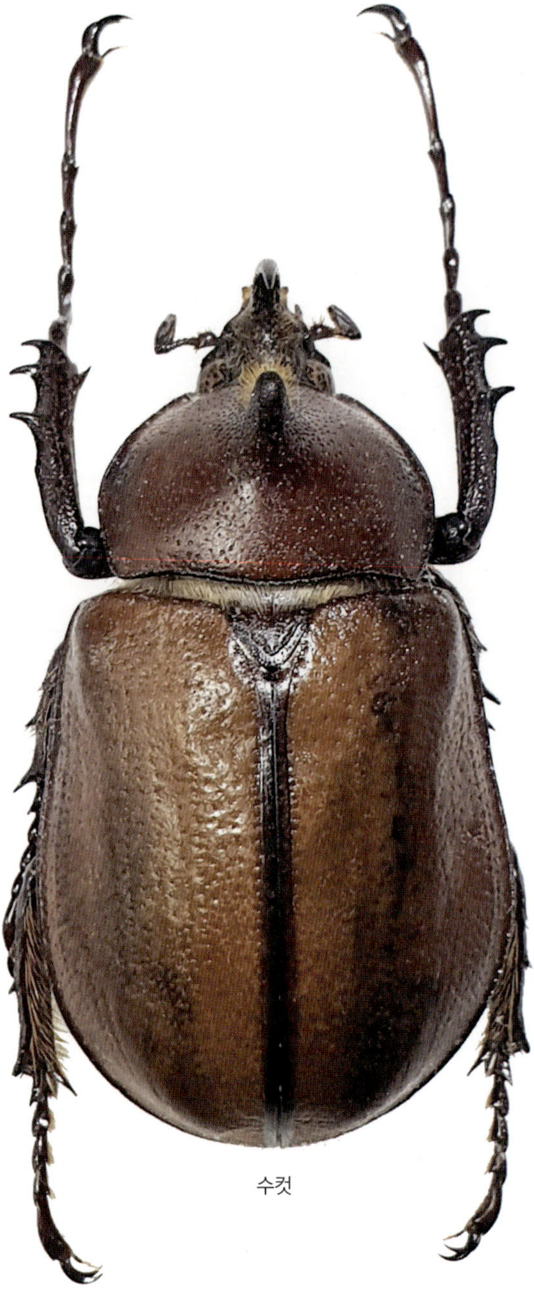

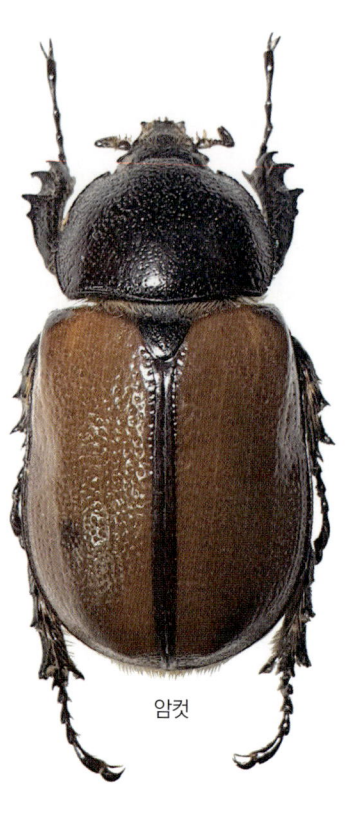

수컷

암컷

이름 유래

종명 헨리피티에르이(*henry-pitieri*)는 기재자의 동료인 헨리(Henry Pitier)를 기려 지었다.

몸길이는 최대 42mm이며, 베네수엘라 북부 아라과주에 사는 특산종으로 꽤 드물다. 다른 톱뿔장수풍뎅이들과 마찬가지로 가슴뿔이 위로 곧게 뻗지만, 몸집이 큰 개체는 앞톱뿔장수풍뎅이처럼 앞으로 비스듬히 뻗는다. 프랑스 연구자 아르노와 베네수엘라 연구자 홀리가 1954년 4월 5일에 아라과주 해발 1,100m 고지대에서 채집한 수컷 완모식표본을 기준으로 신종 발표했다.

머리뿔은 매끈하며 돌기가 없다.

가슴뿔이 위로 짧게 뻗는다.

앞가슴등판은 붉은빛이 많이 돈다.

56 푸에블라톱뿔장수풍뎅이

Golofa (*Golofa*) *tepaneneca* Morón, 1995

수컷   암컷

이름 유래

종명 테파네네카(*tepaneneca*)는 멕시코 원주민 나우아족의 고유어로 돌담을 뜻한다. 돌로 이루어진 산지에 산다는 데에서 따왔다.

몸길이는 최대 42mm이며, 멕시코 푸에블라주에 사는 특산종이다. 매우 보기 어렵다. 앞날개가 적갈색을 띠는 잉카톱뿔장수풍뎅이와 생김새가 비슷하지만, 가슴뿔이 아주 살짝 볼록해서 구별할 수 있다.

1995년 원기재문에 따르면 해발 1,450~1,600m 지대 건조한 덤불과 습기 많은 참나무 숲 경계에 산다.

머리뿔은 가늘고 끝이 뾰족하다.

가슴뿔은 살짝 볼록하고 앞쪽에 황토색 털이 있다.

몸은 밝은 적갈색이다.

57 시날로아톱뿔장수풍뎅이

Golofa (Golofa) xiximeca **Morón, 1995**

가슴뿔 끝이 세 갈래로 뚜렷하게 갈라진다.

수컷

종명 시시메카(*xiximeca*)는 멕시코 시날로아 지역 가까이에 터전을 잡고 17세기 무렵까지 생활했던 멕시코 부족 이름 시시메스(Xiximes)에서 따왔다.

몸길이는 최대 47mm이며, 멕시코 시날로아주에 사는 특산종이다. 가슴뿔이 돋은 앞가슴등판 위쪽과 가슴뿔이 다 검은색이다. 수컷 배 끝에는 다른 종에게서 흔히 보이는 긴 털이 없다.

기재자인 모론은 톱뿔장수풍뎅이류 대부분이 밤에 불빛에 날아오지만 이 종은 그렇지 않으며, 아울러 아침에는 주로 식물에 앉아 있고 저녁에는 날아다닌다고 했다.

가슴뿔이 검다.

배 끝에 털이 없다.

58 패러독스톱뿔장수풍뎅이
Golofa (*Golofa*) *paradoxa* Dechambre, 1975

수컷
부모식표본(PARATYPE)

종명 파라독사(*paradoxa*)는 라틴어로 모순 또는 패러독스(역설, paradox)를 뜻한다.

몸길이는 최대 42mm이며, 콜롬비아 중부에 사는 특산종으로 매우 드물다. 온몸은 적갈색이거나 검은색이며, 광택이 꽤 강하다. 사는 곳이 가까운 안티쿠아톱뿔장수풍뎅이와 생김새가 조금 비슷하지만, 가슴뿔이 더 굵으며 가슴뿔을 비롯해 앞가슴등판 앞쪽까지 검어서 구별할 수 있다. 프랑스 연구자가 수컷 부모식표본을 보내주었다.

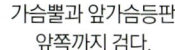

가슴뿔과 앞가슴등판 앞쪽까지 검다.

59 리모게스톱뿔장수풍뎅이
Golofa (*Golofa*) *limogesi* Ratcliffe et Le Tirant, 2017

작은방패판이 검다.

수컷
완모식표본(HOLOTYPE)
ⓒ Ratcliffe, B. C.

암컷
별모식표본(ALLOTYPE)
ⓒ Ratcliffe, B. C.

이름 유래

종명 리모게스이(*limogesi*)는 신종 발표에 이바지한 캐나다 몬트리올곤충관 소속 학자인 리모게스(R. Limoges)를 기려 지었다.

페루 북서부 아야바카 지역에만 산다. 생김새가 비슷한 다른 종과 달리 작은방패판이 검으며 머리뿔에 비해 가슴뿔이 짧다. 기재자인 라트클리프가 암수 모식표본 사진을 보내 주었다.

머리뿔에 비해 가슴뿔이 짧다.

완모식표본(HOLOTYPE)
ⓒ Ratcliffe, B. C.

아프리카장수풍뎅이속

Augosoma Burmeister, 1847

장수풍뎅이족 가운데 유일하게 아프리카 대륙에 산다. 몸은 검은색 또는 흑갈색이고 광택이 강한 2종이 알려졌지만, 생김새가 비슷해 구별하기 어렵다.

대개 장수풍뎅이 무리 수컷은 참나무류 수액이 흐르는 곳처럼 당분이 많은 곳에서 뿔로 싸우며 영역 다툼을 벌인다. 그런데 아프리카 대륙에는 장수풍뎅이와 생활 방식이 같으면서도 몸길이가 100mm를 넘나드는 거대한 골리앗꽃무지(*Goliathus*) 무리가 번성한다. 아프리카에 큰 장수풍뎅이 수가 적은 것은 힘겨루기에서 골리앗꽃무지 무리에 밀린 탓인 듯하다.

이름 유래

속명 아우고소마(*Augosoma*)는 아우구스투스 황제의 몸이라는 뜻으로, 로마 제국 제1대 황제였던 아우구스투스(Augustus)에서 따왔다.

60 켄타우로스아프리카장수풍뎅이
Augosoma centaurus (Fabricius, 1775)

앞가슴등판에 점각이 많으며 매끈한 곳이 거의 없다.

수컷

암컷

이름 유래

종명 켄타우루스(*centaurus*)는 그리스 신화에 나오는 반인반마 괴물 켄타우로스(Kentauros)에서 따왔다.

몸길이는 최대 100mm이며, 아프리카 중부와 서부 코트디부아르, 나이지리아, 카메룬, 중앙아프리카 공화국, 콩고 등에 산다. 아프리카를 대표하는 큰 장수풍뎅이로 꽤 흔하다.

수컷은 몸이 매끈하고 광택이 강한 검은색이며, 암컷은 앞가슴등판 앞쪽에 광택이 없고 매끈한 곳이 거의 없다. 가봉아프리카장수풍뎅이와 생김새가 비슷하지만 몸집이 큰 개체는 앞가슴등판 옆에 점각이 거의 없다.

가슴뿔이 머리뿔보다 길다.

앞가슴등판 옆이 광택 없이 매끈하다.

61 가봉아프리카장수풍뎅이
Augosoma hippocrates Milani, 1995

앞가슴등판 앞쪽에 점각 없이 매끈하며 광택이 강한 곳이 있다.

수컷

암컷

이름 유래
종명 히포크라테스(*hippocrates*)는 그리스 의학자 히포크라테스에서 따왔다.

몸길이는 최대 70mm이며, 아프리카 서부 가봉에만 사는 특산종이다. 이탈리아 연구자 밀라니가 1995년에 발표했으며 매우 보기 드물다.
켄타우로스아프리카장수풍뎅이와 생김새가 비슷하지만 몸집이 더 작고, 몸집이 큰 수컷은 가슴뿔 밑동 양옆에 점각이 많은 곳이 있다. 암컷은 앞가슴등판 앞쪽에 굽은 곳이 있고, 그 가운데에 광택이 강하고 매끈한 곳이 있다.

가슴뿔이 머리뿔보다 짧다.

앞가슴등판 옆에 자잘한 점각이 많다.

애왕장수풍뎅이속

Xylotrupes Hope, 1837

인도와 스리랑카에서부터 인도차이나반도, 중국, 대만과 동남아시아를 거쳐 호주에 이르기까지 무척 폭넓게 분포한다. 분류에서는 장수풍뎅이족을 이루는 13속 가운데 가장 혼란스러운 무리다. 몇 종을 제외하고는 생김새가 비슷해 수컷 생식기를 살피고 채집 지역도 확인해야 동정할 수 있다.

몸은 검은색 또는 적갈색이고, 가슴뿔은 짧거나 길며, 머리뿔은 돌기가 없어서 매끈하지만 종에 따라서 살짝 솟아오른 돌기가 있기도 하다.

이름 유래
속명 실로트루페스(*Xylotrupes*)는 라틴어로 나무에 굴을 판다는 뜻이다. 참나무에 모여 수액을 빨기 때문에 따온 듯하다.

62 기드온애왕장수풍뎅이

Xylotrupes gideon (Linnaeus, 1767)

원명아종

이름 유래
종명 기드온(*gideon*)은 구약 성서에 나오는 이스라엘 백성의 지도자를 뜻한다. 영어식으로 '기데온'이라고도 한다.

수컷   암컷

몸길이는 최대 75mm이며 인도네시아 자바섬, 수마트라섬 남서부에 산다. 수컷 머리뿔 가운데에서 크게 솟은 돌기가 특징이지만 돌기가 없는 아종도 있다.

엔드로에디가 1985년 논문에서 아종을 16종류로 나눈 뒤 여러 연구자가 분류 체계를 계속 수정하고 있다. 2011년 로우랜드가 정리한 체계에서는 아종이 없는 종으로 분류하기도 했다. 몇몇 아종은 지금까지도 동물이명으로 처리되지 않아서 이 책에서는 아종으로 실었다.

머리뿔과 가슴뿔이 길다.
머리뿔 가운데쯤에 뚜렷한 돌기가 있다.
가슴뿔 아래가 덜 두드러진다.

● 라코르 아종
ssp. *lakorensis* Silvestre, 2002
인도네시아 라코르섬과 모아섬에 산다. 몸집이 작고 뿔이 짧으며 광택이 강하다. 만티에리가 표본 사진을 보내 주었다.

완모식표본(HOLOTYPE)
ⓒ Mantilleri, A. (MNHN)

● 사우 아종
ssp. *sawuensis* Silvestre, 2002
인도네시아 사우섬과 숨바섬에 산다. 앞가슴등판 광택이 강하다. 뿔이 짧고 무척 굵으며, 머리뿔 가운데에 작은 돌기가 하나 있다.

부모식표본(PARATYPE)

● 순다 아종
ssp. *sondaicus* Silvestre, 2002
인도네시아 순다열도에 산다. 가슴뿔이 짧고 굵으며, 머리뿔 가운데에 돌기가 없어 매끈하다.

부모식표본(PARATYPE)

기드온애왕장수풍뎅이 ⓒ Phanompai

기드온애왕장수풍뎅이 ⓒ Digitalpress

기드온애왕장수풍뎅이 ⓒ Voranat Rajchatan

기드온애왕장수풍뎅이 ⓒ Thomas261

63 꼬마애왕장수풍뎅이
Xylotrupes inarmatus Sternberg, 1906

수컷

종명 이나르마투스(*inarmatus*)는 in(-하지 않은)과 armatus(무장한)를 합친 말로, 무장하지 않았다는 뜻이다. 다른 종에 비해 뿔이 작은 데에서 따온 듯하다.

몸길이는 최대 40mm이며 기드온애왕장수풍뎅이 원명아종과 함께 인도네시아 자바섬에 살지만 더 드물다. 머리뿔이 매우 짧고 가슴뿔은 거의 없다.

로우랜드는 2003년에 이 종을 기드온애왕장수풍뎅이의 동물이명으로 분류했지만 뒷날 독일 베를린 자연사박물관에 보관된 모식표본을 다시 살펴 2011년 5월 논문에서 종으로 재정리했고, 그 분류 체계가 지금까지 이어진다.

가슴뿔은 거의 없다.

앞가슴등판에 점각이 많다.

머리뿔은 짧고 끝이 뚜렷하게 갈라진다.

64 수마트라애왕장수풍뎅이

Xylotrupes sumatrensis Minck, 1920

원명아종

이름 유래

종명 수마트르엔시스(*sumatrensis*)는 모식지인 인도네시아 수마트라(Sumatra)에서 따왔다.

수컷

몸길이는 최대 85mm이며, 인도네시아 수마트라섬에 산다. 머리뿔과 가슴뿔이 몸길이에 비해 길다. 엔드로에디와 실베스트르가 기드온애왕장수풍뎅이의 수마트라 아종으로 분류한 적이 있지만 2011년 로우랜드가 종으로 재분류했다. 지금 분류 체계에서는 원명아종 말고도 로우랜드가 발표한 1아종이 더 있다.

머리뿔과 가슴뿔이 길다.

머리뿔 가운데쯤에 돌기가 있다.

가슴뿔 아래가 뚜렷하게 두드러진다.

● 타나멜라유 아종
ssp. *tanahmelayu* Rowland, 2006

말레이시아 서부 말레이반도에 산다. 온몸에 광택이 강하며, 머리뿔과 가슴뿔이 원명아종보다 조금 덜 휜다.

부모식표본(PARATYPE)

65 다마르애왕장수풍뎅이
Xylotrupes damarensis Rowland, 2006

수컷

이름 유래
종명 다마르엔시스(*damarensis*)는 모식지인 인도네시아 다마르(Damar)에서 따왔다.

몸길이는 최대 55mm이다. 인도네시아의 다마르섬, 타님바르제도에 산다. 2006년에 로우랜드가 이 종을 발표할 때에는 베커애왕장수풍뎅이 아종으로 분류했지만, 수컷 가슴뿔이 휘는 정도와 머리뿔이 가느다란 특징에 따라 2011년에 종으로 수정되었다. 이 분류 체계가 지금까지 이어진다.

머리뿔 가운데쯤에 작은 돌기가 있다.

가슴뿔 아래에 돌기가 없다.

66 굵은뿔애왕장수풍뎅이

Xylotrupes pachycera Rowland, 2006

수컷

이름 유래

종명 파키케라(*pachycera*)는 라틴어로 굵은(pachy) 뿔(cera)을 뜻한다.

몸길이는 최대 65mm이며, 말레이시아 보르네오섬에 산다. 2006년에 로우랜드가 발표할 때에는 기드온애왕장수풍뎅이 아종으로 분류했지만, 몸 광택이 매우 강하며 머리뿔과 가슴뿔이 굵고 몸길이에 비해 짧다는 점을 들어 2011년 5월 논문에서 종으로 다시 수정했다.

머리뿔과 가슴뿔이 몸에 비해 굵다.

몸 광택이 매우 강하다.

67 타도애왕장수풍뎅이
Xylotrupes tadoana Rowland, 2006

수컷
부모식표본(PARATYPE)

암컷
부모식표본(PARATYPE)

이름 유래
종명 타도아나(*tadoana*)는 플로레스섬 서부 원주민을 뜻하는 고유어 타도(Tado)에서 따왔다.

몸길이는 최대 50mm이며, 인도네시아 플로레스섬에 산다. 로우랜드가 2006년에 발표할 때에는 베커애왕장수풍뎅이 아종이었지만, 수컷 생식기 생김새 차이를 비롯한 여러 특징을 다시 살펴 2011년에 종으로 수정했다. 로우랜드가 부모식표본을 보내 주었다.

머리뿔 끝이 많이 휘고 크게 갈라진다.

몸 광택은 약하다.

완모식표본(HOLOTYPE)
ⓒ Rowland, J. M.

68 털보애왕장수풍뎅이

Xylotrupes pubescens Waterhouse, 1841

원명아종

수컷

종명 푸베스켄스(*pubescens*)는 라틴어로 털이 많다는 뜻이며, 이름에 걸맞게 온몸에 황토색 털이 많다.

몸길이는 최대 70mm이며, 필리핀 민다나오섬에 사는 원명아종 말고도 3아종이 더 있다. 온몸에 황토색 털이 많다.

1958년 엔드로에디는 필리핀에서 앞날개에 털이 있는 개체와 없는 개체가 함께 발견되므로 이 둘은 같은 종이라 주장하며 털이 있는 개체군을 기드온애왕장수풍뎅이 변이형, 털이 없는 개체군을 기드온애왕장수풍뎅이 필리핀 아종으로 분류했다.

그러나 2011년 로우랜드는 필리핀 개체군의 많은 표본을 다시 살펴 앞날개에 털이 있는 무리를 종으로 재분류했으며, 이 분류 체계가 지금까지 이어진다.

온몸에 황토색 털이 있다.

● 시부얀 아종
ssp. *sibuyanensis* Silvestre, 2006
필리핀 시부얀섬에 산다. 앞날개 털이 조금 길고 적갈색을 띤다. 머리뿔 끝이 다른 아종보다 조금 휜다.

부모식표본(PARATYPE)

● 보데 아종
ssp. *beaudeti* Silvestre, 2006
필리핀 사마르섬, 세부섬, 레이테섬에 산다. 가슴뿔 아래 돌기가 거의 드러나지 않는다. 앞날개 가장자리에만 털이 듬성듬성 나 있다.

● 그라킬리스 아종
ssp. *gracilis* Silvestre, 2006
인도네시아 탈라우드제도에 살며, 원명아종에 비해 몸이 호리호리하고, 가슴뿔이 길고 가늘다.

69 로르켕애왕장수풍뎅이

Xylotrupes lorquini Schaufuss, 1885

원명아종

이름 유래

종명 로르퀸이(*lorquini*)는 프랑스 곤충학자 로르켕(Lorquin)에서 따왔다. 그를 기려 만든 로르켕 곤충학회가 미국 로스앤젤레스에서 정기적으로 열린다.

수컷

몸길이는 최대 75mm이며, 인도네시아 술라웨시섬에 산다. 몸이 호리호리하고 가슴뿔이 가늘고 길다. 독일 베를린 자연사박물관에 모식표본이 보관되어 있으며, 기재자인 로우랜드가 표본을 보내 주었다.

몸집이 큰 수컷도 머리뿔에 돌기가 없다.

몸이 호리호리하다.

● 지데크 아종
ssp. *zideki* Rowland, 2003
인도네시아 수마트라섬에 살며, 수컷 생식기 생김새를 살피고 채집지를 확인해야 아종인지 판단할 수 있다.

부모식표본(PARATYPE)
ⓒ Rowland, J. M.

70 필리핀애왕장수풍뎅이

Xylotrupes philippinensis Endrödi, 1957

원명아종

이름 유래
종명 필리핀엔시스(*philippinensis*)는 모식지인 필리핀에서 따왔다.

수컷

몸길이는 최대 65mm이며, 필리핀 루손섬과 민도로섬에 산다. 필리핀에 함께 사는 털보애왕장수풍뎅이와 생김새가 비슷하지만 앞날개에 황토색 잔털이 없어서 구별할 수 있다. 머리뿔과 가슴뿔 길이가 거의 비슷하다. 페레그리누스 아종과 부단 아종을 저마다 기재한 로우랜드와 실베스트르가 표본을 보내주었다.

머리뿔 가운데쯤에 돌기가 아주 살짝 솟아 있다.

가슴뿔 아래 돌기가 앞가슴등판 쪽으로 치우친다.

● 페레그리누스 아종
ssp. *peregrinus* Rowland, 2006
대만에 살며, 수컷 생식기를 살피고 채집지를 확인해야 아종인지 판단할 수 있다.

● 부단 아종
ssp. *baudanti* Silvestre, 2006
필리핀 팔라완섬에 살며 뿔이 짧다.

부모식표본(PARATYPE)

부모식표본(PARATYPE)

71 폴리안애왕장수풍뎅이

Xylotrupes pauliani Silvestre, 1997

원명아종

이름 유래

종명 폴리안이(*pauliani*)는 1900년대 중반에 장수풍뎅이를 연구했던 학자 폴리안(Paulian)을 기려 지었다.

수컷

몸길이는 최대 45mm이며 인도네시아 수마트라섬, 말레이시아 서부에 산다. 앞가슴등판에 자잘한 점각이 많다. 보르네오섬에 살며 점각이 적은 다야크 아종도 발표되었으며, 프랑스 파리 국립자연사박물관에 보관된 이 아종의 완모식표본 사진을 만티에리가 제공해 주었다.

앞가슴등판에 점각이 매우 많다.

● 다야크 아종
ssp. *dayakorum* Silvestre, 2004
보르네오섬에 사는 매우 보기 드문 아종으로, 원명아종보다 앞가슴등판 점각이 적다.

완모식표본(HOLOTYPE)
ⓒ Mantilleri, A. (MNHN)

72 율리시스애왕장수풍뎅이
Xylotrupes ulysses Guérin-Méneville, 1830

수컷

이름 유래
종명 율리시스(*ulysses*)는 그리스 신화에 나오는 영웅 율리시스(Ulixēs)에서 따왔다.

몸길이는 최대 95mm로 애왕장수풍뎅이속에서 가장 큰 종이다. 파푸아뉴기니 비스마르크제도에 살며 매우 드물다.

예전에는 많은 아종이 있었다. 그중에서도 비스마르크제도 뉴아일랜드섬과 뉴브리튼섬에 사는 개체군을 원명아종으로 보았지만, 2011년에 로우랜드가 수컷 뿔 길이와 생식기 생김새를 연구하며 분류 체계를 크게 수정했다. 지금은 아종이 없는 단일 종으로 여긴다.

머리뿔과 가슴뿔이 몸에 비해 길다.

머리뿔에 돌기가 없다.

73 맥클레이애왕장수풍뎅이

Xylotrupes macleayi **Montrouzier, 1855**

원명아종

이름 유래

종명 맥클레이이(*macleayi*)는 수많은 딱정벌레를 연구했던 영국 곤충학자 맥클레이(MacLeay)를 기려 지었다.

수컷

몸길이 최대 70mm이며, 파푸아뉴기니 밀른 만, 뉴헤브리디스제도 바누아투 공화국에 살지만 흔하지는 않다. 작은방패판이 좁아지는 끝자락에 날카로운 핀으로 찌른 것처럼 푹 들어간 곳이 있다.

머리뿔에 돌기가 없다.

작은방패판에 움푹 들어간 곳이 뚜렷하게 있다.

● 제케시 아종
ssp. *szekessyi* Endrödi, 1951
솔로몬제도에 살며, 원명아종에 비해 작은방패판 끝자락에 움푹한 곳이 없다.

74 호주애왕장수풍뎅이

Xylotrupes australicus Thomson, 1859

원명아종

이름 유래
종명 오스트랄리쿠스(*australicus*)는 모식지인 호주(Australia)에서 따왔다.

수컷    암컷

몸길이는 최대 55mm이며 호주 퀸즐랜드주에 산다. 수컷 뿔이 굵다. 처음에는 종으로 발표되었지만 엔드로에디 주장에 따라 1951년부터 1985년까지 기드온애왕장수풍뎅이 아종으로 분류되었다. 그러나 다시 2011년에 로우랜드가 종으로 수정했다. 파리 국립자연사박물관에 모식표본이 소장되어 있다.

가슴뿔이 매우 굵다.

가슴뿔 아래가 약간 굽이진다.

머리뿔 끝이 많이 휜다.

● 다윈 아종
ssp. *darwinia* Rowland, 2006

호주 노던준주에 살며, 원명아종보다 훨씬 작고 머리뿔 끝이 뚜렷하게 갈라진다. 가슴뿔보다 머리뿔이 길다.

완모식표본(HOLOTYPE)
ⓒ Rowland, J. M.

75 갈고리애왕장수풍뎅이

Xylotrupes falcatus Minck, 1920

수컷

> **이름 유래**
> 종명 팔카투스(*falcatus*)는 갈고리처럼 휜 모양을 뜻하는 라틴어다. 앞으로 휘는 수컷 가슴뿔 모양에서 따온 듯하다.

몸길이는 최대 65mm이며 인도네시아 산기르제도에 산다. 가슴뿔 밑동에 돌기가 거의 없고, 몸 광택이 매우 강하며, 앞가슴등판 가장자리에 점각이 매우 적다. 1920년에 신종으로 발표되었다가 율리시스애왕장수풍뎅이 아종으로 수정된 적이 있지만 2006년에 실베스트르가 또다시 종으로 수정했다. 2011년까지는 독일 베를린 자연사박물관에 있는 모식표본만이 공식적으로 알려진 매우 드문 종이었다. 그러나 최근 일본 연구자들이 현지에서 많은 개체를 채집해 살펴보고 있다.

앞가슴등판 가장자리에 점각이 거의 없다.

몸 광택이 매우 강하다.

몸집이 큰 수컷도 가슴뿔 아래에 돌기가 거의 없다.

76 작은돌기애왕장수풍뎅이
Xylotrupes carinulus Rowland, 2011

수컷
부모식표본(PARATYPE)

이름 유래

종명 카리눌루스(*carinulus*)는 라틴어로 돌기(carin)가 작다(ulus)는 뜻이며, 가슴뿔 아래에 돌기가 거의 없다는 데에서 따왔다.

몸길이는 최대 66mm이며, 파푸아뉴기니, 인도네시아 아루섬에 산다. 수컷 가슴뿔 밑동에 돌기가 거의 없는 점은 갈고리애왕장수풍뎅이와 같지만, 앞날개 광택이 약하고 앞가슴등판 옆면에 점각이 있다.

2011년에 로우랜드가 그동안 다른 종으로 잘못 판단한 개체군을 동물이명 처리하고 다시 이름을 지어 신종으로 발표했다. 로우랜드가 부모식표본을 보내 주었다.

앞가슴등판 옆면에 점각이 있다.

몸집이 큰 수컷도 가슴뿔 아래에 돌기가 거의 없다.

텔레마코스애왕장수풍뎅이
Xylotrupes telemachos Thomson, 1859

수컷
부모식표본(PARATYPE)

암컷
부모식표본(PARATYPE)

이름 유래
종명 텔레마코스(*telemachos*)는 그리스 신화에 나오는 율리시스 아들 텔레마코스(Telemachos)에서 따왔다.

몸길이는 최대 40mm이며, 인도네시아 할마헤라섬을 중심으로 한 말루쿠제도에 산다. 2003년 실베스트르가 발표할 때에는 율리시스애왕장수풍뎅이 아종으로 분류했지만, 2011년 로우랜드가 종으로 수정했다. 로우랜드가 부모식표본 한 쌍을 보내 주었다.

머리뿔과 가슴뿔이 모두 길지 않다.

 앞가슴등판에 점각이 많다.

78 니제쉬애왕장수풍뎅이

Xylotrupes mniszechii Thomson, 1859

원명아종

이름 유래
종명 므니스제키이(*mniszechii*)는 기재자인 프랑스 학자 톰슨의 동료였던 니제쉬(Mniszechi)를 기려 지었다.

수컷

암컷

앞날개에 점각이 거의 없다.

몸길이는 최대 45mm이며, 히말라야 지역(인도 북부, 파키스탄, 네팔, 부탄)에 산다. 시암애왕장수풍뎅이와 사는 곳이 겹치기 때문에 몸집이 작은 개체를 보았을 때 구별하기 어려울 수도 있다. 그러나 수컷 머리뿔 가운데쯤에 작은 돌기가 없기 때문에 구별된다.

머리뿔 가운데쯤에 돌기가 없다.

● 하이난 아종
ssp. *hainaniana* Rowland, 2006
중국 남부 하이난섬에 살며, 원명아종에 비해 가슴뿔이 길고 암컷은 온몸에 점각이 많다.

부모식표본(PARATYPE)

79 플로레스애왕장수풍뎅이

***Xylotrupes florensis* Lansberge, 1879**

원명아종

이름 유래
종명 플로르엔시스(*florensis*)는 모식지인 플로레스(Flores)섬에서 따왔다.

수컷　　　암컷

몸길이는 최대 80mm이며, 인도네시아 남동부 플로레스섬에 산다. 애왕장수풍뎅이 무리 가운데 유일하게 가슴뿔 밑동에 꽤 뚜렷한 돌기가 있다. 그러나 몸집이 작은 개체에서는 이 특징이 나타나지 않을 때도 있다.

가슴뿔 아래에 돌기가 있다.

● 타님바르 아종
ssp. *tanimbar* Rowland, 2006
인도네시아 타님바르제도에 산다. 가슴뿔 아래에 작은 돌기가 있으며, 뒷다리 발목마디 밑동이 뾰족하다.

● 웨타르 아종
ssp. *wetarensis* Fujii et Silvestre, 2012
인도네시아 말루쿠제도 웨타르섬에 살며, 원명아종과 달리 몸이 새까맣다. 만티에리가 표본 사진을 보내 주었다.

부모식표본(PARATYPE)
ⓒ Mantilleri, A. (MNHN)

80 베커애왕장수풍뎅이

Xylotrupes beckeri Schaufuss, 1885

원명아종

이름 유래
종명 베케르이(*beckeri*)는 싱가포르에서 이 종을 채집해 기재자 샤우푸스에게 제공했던 베커(Becker)를 기려 지었다.

수컷

몸길이는 최대 55mm이며, 싱가포르, 인도네시아 수마트라섬, 말레이시아 서부에 산다. 모식지는 싱가포르다. 머리뿔과 가슴뿔이 굵고 짧으며, 머리뿔 끝이 많이 휘면서 두 갈래로 크게 갈라진다. 기재자 샤우푸스는 논문에 기드온애왕장수풍뎅이보다 작으며 양쪽 앞날개가 거의 평행을 이룬다고 기록했다.

머리뿔 끝이 매우 뚜렷하게 갈라진다.

가슴뿔 아래가 매끈하다.
몸집이 큰 수컷도 머리뿔과 가슴뿔이 짧다.

● **인터메디우스 아종**
ssp. *intermedius* Silvestre, 2004
인도네시아 싱케프섬에 산다. 가슴뿔 길이는 베커애왕장수풍뎅이와 빌트루트애왕장수풍뎅이 중간 정도다.

부모식표본(PARATYPE)

81 남방애왕장수풍뎅이
Xylotrupes meridionalis Prell, 1914

원명아종

이름 유래
종명 메리디오날리스(*meridionalis*)는 남쪽을 뜻한다. 모식지가 인도 남부라는 데에서 따왔다.

수컷

몸길이는 최대 50mm이며, 인도 남부에 산다. 머리뿔 끝이 다른 종에 비해 크게 갈라지며, 매우 보기 드물다. 수컷 10개체와 암컷 6개체가 모식표본으로 지정되어 있다.
예전에 타프로반애왕장수풍뎅이 가네샤 아종(X. taprobanes ganesha)으로 발표된 적이 있어 인터넷에서는 이 이름으로 널리 알려졌다. 그러나 이 이름은 2011년 10월에 아종 기재자 실베스트르도 인정한 동물이명이므로 더는 쓰지 않는다.

머리뿔 끝이 크게 갈라진다.

● 타프로반 아종
ssp. *taprobanes* Prell, 1914
스리랑카에 사는 매우 보기 드문 아종으로 원명아종보다 머리뿔 끝이 더욱 크게 갈라진다.

82 시암애왕장수풍뎅이

Xylotrupes siamensis Minck, 1920

이름 유래 종명 시암엔시스(*siamensis*)는 모식지 태국의 옛 이름 시암(Siam)에서 따왔다.

수컷

몸길이는 최대 65mm이며, 인도 북부, 태국, 베트남, 미얀마를 포함하는 인도차이나반도에 산다. 모식지는 태국이다. 니제쉬애왕장수풍뎅이가 사는 인도 북부에서도 드물게 보이므로 헷갈릴지도 모르지만 머리뿔 가운데에 작은 돌기가 있는 개체가 많아 구별할 수 있다.

머리뿔 가운데쯤에 돌기가 있는 개체가 많다.

앞날개가 짙은 적갈색인 개체가 많다.

시암애왕장수풍뎅이 © Supakit Kumwiwat

시암애왕장수풍뎅이 ⓒ Anucha Pongpatimeth

애왕장수풍뎅이속

시암애왕장수풍뎅이 ⓒ Wichan Sumalee

83 소크라테스애왕장수풍뎅이

Xylotrupes socrates Schauffus, 1864

원명아종

이름 유래
종명 소크라테스(*socrates*)는 그리스 철학자 소크라테스(Sōkratēs)에서 따왔다.

수컷
후모식표본(LECTOTYPE)
© Mantilleri, A. (MNHN)

몸길이는 최대 65mm이다. 모식지는 네팔이며 인도차이나반도까지 퍼져 산다. 시암애왕장수풍뎅이를 이 종의 아종으로 여긴 적이 있을 만큼 비슷하게 생겼지만, 머리뿔에 돌기가 없어서 구별된다.

라오스에서 머리뿔이 많이 휜 매우 작은 수컷 1개체가 채집되어 2016년에 신종(X. oudomxayicus)으로 발표되기도 했지만, 단순한 변이 개체로 본다. 프랑스 파리 국립자연사박물관에 있는 모식표본을 이 박물관 소속 연구자 만티에리가 사진 찍어 보내 주었다.

시암애왕장수풍뎅이와 비슷하지만 머리뿔 가운데에 돌기가 없다.

● 니티두스 아종
ssp. *nitidus* Silvestre, 2003
미얀마 남서부 안다만제도에 사는 매우 보기 드문 아종으로, 몸이 새까맣고 광택이 강하며 머리뿔 가운데에 돌기가 있다.

완모식표본(HOLOTYPE)
ⓒ Mantilleri, A. (MNHN)

84 빌트루트애왕장수풍뎅이

Xylotrupes wiltrudae Silvestre, 1997

수컷

종명 월트루드애(*wiltrudae*)는 실베스트르의 아내 빌트루트 (Wiltrud)에서 따왔다.

몸길이는 최대 55mm이며, 보르네오섬 특산종이다. 1997년 기재될 때에는 베커애왕장수풍뎅이 아종으로 분류했지만 로우랜드가 완모식표본을 다시 살펴 2011년에 종으로 수정했다. 보르네오섬 브루나이에서 채집한 표본을 기재자인 실베스트르가 보내 주었다.

가슴뿔보다 머리뿔이 더 길다.

가슴뿔 밑동 두드러진 곳이 앞가슴등판까지 넓게 퍼진다.

85 루마위그애왕장수풍뎅이

Xylotrupes lumawigi Silvestre, 2002

> **이름 유래**
> 종명 루마위그이(*lumawigi*)는 이 종을 처음 채집해 기재자 실베스트르에게 제공한 필리핀 채집가 루마위그(Lumawig)를 기려 지었다.

수컷 암컷

몸길이는 최대 60mm이며, 필리핀 루손섬에 산다. 사는 곳이 겹치는 필리핀애왕장수풍뎅이와 생김새가 비슷하지만, 머리뿔 끝이 크게 갈라지고 머리뿔 가운데에 돌기가 없어 구별된다.

머리뿔 끝이 매우 크게 갈라진다.

머리뿔 가운데에 돌기가 없다.

가슴뿔 밑동 솟은 곳이 가슴뿔 가운데까지 이른다.

86

클레이니아스애왕장수풍뎅이

원명아종

Xylotrupes clinias Schaufuss, 1885

수컷

이름 유래

종명 클리니아스(*clinias*)는 그리스 철학자 클레이니아스(Cleinias)에서 따왔다.

몸길이는 최대 70mm정도이며 인도네시아 말루쿠제도에 산다. 1885년에 신종으로 발표되었지만 2003년에 로우랜드가 율리시스애왕장수풍뎅이 아종으로 분류했다가 2011년에 다시 종으로 바뀌었다.

몸 광택이 강하다.

머리뿔 가운데에 돌기가 없다.

● **부루 아종**
ssp. *buru* Rowland, 2011

인도네시아 부루섬에만 살며, 수컷 생식기를 살피고 채집지를 확인해야 동정할 수 있다. 로우랜드가 표본 사진을 보내 주었다.

완모식표본(HOLOTYPE)
ⓒ Rowland, J. M.

87 린다애왕장수풍뎅이
Xylotrupes rinndaae Fujii, 2011

수컷
완모식표본(HOLOTYPE)
ⓒ Fujii, T.

암컷
부모식표본(PARATYPE)
ⓒ Fujii, T.

종명 린다애(*rindaae*)는 신종 발표에 이바지한 일본 곤충 수집가 사사마키(Sasamaki, K.)의 아내 린다(Rinda, S.)를 기려 지었다.

몸길이는 최대 36mm로 작으며, 인도네시아 살라야르 섬 해발 400m 지역에서 처음 채집되었다. 근처 술라웨시섬에 사는 로르켕애왕장수풍뎅이와 생김새가 비슷하지만 머리뿔 끝이 살짝 휘고 가슴뿔 밑동이 가늘어서 구별할 수 있다.

기재자인 후지이 타카아키는 2009년 12월에 채집한 수컷 완모식표본 1개체, 수컷 부모식표본 5개체와 암컷 부모식표본 4개체를 2년 남짓 살펴 신종으로 발표했다. 후지이가 모식표본 사진을 보내 주었다.

가슴뿔 밑동이 다른 종에 비해 가늘다.

완모식표본(HOLOTYPE)
ⓒ Fujii, T.

머리뿔 끝이 위로 많이 휘지 않는다.

대장장이애왕장수풍뎅이
Xylotrupes faber Silvestre, 2002

수컷
완모식표본(HOLOTYPE)
ⓒ Mantilleri, A. (MNHN)

이름 유래

종명 파베르(*faber*)는 라틴어로 대장장이를 뜻한다. 실베스트르에 따르면 서식지 자바섬에 화산이 많아서 불과 연관 있는 이름을 지었다고 한다.

몸길이는 최대 45mm이며, 인도네시아 자바섬에 산다. 사는 곳이 겹치는 기드온애왕장수풍뎅이와 달리 머리뿔 가운데에 돌기가 없고 가슴뿔이 짧고 굵다. 온몸에 광택이 강하며 앞날개에 자잘한 점각이 많다. 프랑스 파리 국립자연사박물관에 보관된 완모식표본을 이 박물관 소속 연구자 만티에리가 사진 찍어 보내 주었다.

머리뿔 가운데에 돌기가 없다.

가슴뿔은 짧고 굵다.

완모식표본(HOLOTYPE)
ⓒ Mantilleri, A. (MNHN)

몸 광택이 강하며 앞날개에 점각이 많다.

우단장수풍뎅이속
Allomyrina Arrow, 1911

이 무리에는 우단장수풍뎅이 1종만 알려졌으며, 학자에 따라서는 뒤에 소개하는 장수풍뎅이속과 다비드장수풍뎅이속을 이 속의 아속으로 분류하거나 동물이명으로 보기도 한다.

1867년에 독일 학자 레드텐바허가 미리나(*Myrina*)라고 이름 지어 학계에 발표했지만, 이것은 그에 앞선 1807년에 덴마크 학자 파브리시우스가 어느 나비 무리에 붙인 이름과 똑같아서 먼저 발표된 이름이 효력을 가진다는 국제동물명명규약에 따라 무효가 되었다(동명이물).

그 뒤 1911년에 영국 학자 애로우가 다른 또는 별개라는 뜻인 접두사 알로(Allo)를 붙여 알로미리나(*Allomyrina*)로 속명을 수정했으며, 지금까지 이 이름이 쓰인다.

이름 유래
속명 알로미리나(*Allomyrina*)는 다른 또는 별개라는 뜻인 알로(Allo)와 떨기나무 종류인 도금양(Myrthle tree)을 합쳐서 지었다.

89 우단장수풍뎅이

원명아종

Allomyrina pfeifferi (Redtenbacher, 1867)

이름 유래

종명 파이페르이(*pfeifferi*)는 이 종을 처음 채집했다고 알려진 오스트리아 탐험가 파이퍼(I. L. Pfeiffer)를 기려 지은 듯하다.

수컷

암컷

몸길이는 최대 40mm이며, 몸은 연갈색 또는 황토색이며 광택이 있고 우단(벨벳) 같은 털이 온몸을 덮고 있다. 말레이반도, 필리핀 민다나오섬, 인도네시아 일대에 살며 보기 드물다.

종명 파이페르이는 이 종을 처음 채집했다고 알려진 오스트리아 탐험가 파이퍼(여성)를 기려 지은 것으로 보이는데, 여기서 논란이 일어났다. 대개 여성을 기려 종명을 지을 때는 라틴어 여성격 접미사* '-애(ae)'를 붙이는데, 기재자인 레드텐바허가 남성격 접미사 '-이(i)'를 붙였기 때문이다. 그래서 1980년대 중반에는 종명을 파이퍼라애(*pfeifferae*)라고 쓰기도 했지만, 지금은 레드텐바허가 지었던 본래 이름을 공식 인정하고 있다.

앞다리 발톱 끝이 뭉툭하다.

앞다리 발톱 끝이 뾰족하다.

● 셀레베스 아종
ssp. *celebensis* Silvestre, 1997
인도네시아 술라웨시섬 중북부에 산다.

---

*종명 접미사
접미사란 어떤 낱말 뒤에 붙어 새로운 낱말이 되게끔 하는 말이다. 1900년대 후반부터는 사람 또는 지역 이름을 따서 종명을 지을 때 아래 규칙을 따르는 경우가 많다.
1) 여자 이름을 따서 지을 때에는 맨 뒤에 애(-ae)를 붙인다.
2) 남자 이름을 따서 지을 때에는 맨 뒤에 이(-i)를 붙인다.
3) 지역 이름을 따서 지을 때에는 맨 뒤에 엔시스(-ensis)를 붙인다.

장수풍뎅이속

Trypoxylus Minck, 1920

장수풍뎅이족(Dynastini)에 딸린 여러 속 가운데 우리나라에 사는 종이 있는 속이며, 우단장수풍뎅이속으로 분류하는 학자도 있다.
수컷 머리뿔이 크게 두 갈래로 갈라진 뒤에 그 끝에서 또다시 작게 두 갈래로 갈라지며, 개체에 따라 뿔 길이 차이가 크다. 수컷 몸은 검은색 또는 흑갈색이지만 붉은 기운이 많이 도는 개체도 있다. 암컷은 대개 흑갈색이며 앞날개에 있는 노르스름한 잔털이 수컷보다 많다.
본래 이 속에는 장수풍뎅이 1종만 있었지만 2006년에 미얀마 북부에 살던 무리가 신종으로 발표되면서 2종이 되었다.

이름 유래

속명 트리폭실루스(*Trypoxylus*)는 라틴어로 나무에 구멍을 뚫는다는 뜻이다. 참나무류 수액을 즐겨 빨며, 참나무 줄기에 구멍이 생겨 수액이 흐르는 곳에서 많이 보이기 때문인 듯하다.

90 장수풍뎅이

Trypoxylus dichotomus **(Linnaeus, 1771)**

원명아종

 이름 유래

종명 디코토무스(*dichotomus*)는 라틴어로 두 갈래로 갈라진 뿔을 뜻한다. 두 갈래로 갈라진 수컷 뿔을 보고 지었다.

수컷

암컷

우리나라에서 가장 큰 풍뎅이이며, 많은 사람이 기른다. 머리뿔을 포함한 전체 길이가 80mm 정도이면 초대형이라고 보는데, 최근 일본에서 90mm가 넘는 사육 개체가 나오기도 했다. 우리나라에 사는 개체군이 원명아종에 해당하며, 한국에서부터 중국(서부 지역 제외)까지 널리 분포하나 울릉도와 독도에서는 보이지 않는다.

몸집이 큰 수컷은 머리뿔과 가슴뿔이 길다. 이런 개체를 장각형(長角形)이라고 부른다.

몸집이 작은 수컷은 머리뿔과 가슴뿔이 짧다. 이런 개체를 단각형(短角形)이라고 부른다.

몸은 보통 흑갈색이지만 붉은빛이 많이 도는 개체도 가끔 있다.

● 셉텐트리오날리스 아종
ssp. *septentrionalis* Kôno, 1931
일본 본토(홋카이도 제외)와 쓰시마섬에 산다. 채집지 정보 없이 생김새 차이로 원명아종과 구별할 수 없다.

● 쓰노보소니스 아종
ssp. *tsunobosonis* Kôno, 1931
대만에 살며, 수컷 가슴뿔이 다른 아종에 비해 가늘다.

● 폴리투스 아종
ssp. *politus* Prell, 1934
인도 북동부, 미얀마, 라오스, 태국, 베트남에 산다. 온몸이 검고 다른 아종에 비해 광택이 강하다.

● 타카라 아종
ssp. *takarai* Kusui, 1976
일본 오키나와제도에 산다. 온몸이 검고 광택이 강하다. 몸에 비해 가슴뿔이 짧다.

● 인카키나 아종
ssp. *inchachina* Kusui, 1976
일본 남부 구메섬에 산다. 타카라 아종보다 머리뿔이 뚜렷하게 갈라지며, 가슴뿔이 더 짧다.

● 쓰치야 아종
ssp. *tsuchiyai* Nagai, 2006
일본 남부 구치노에라부섬에 살며, 일본 본토 아종보다 광택이 강하고 앞날개에 잔털이 적다.

● 시짱 아종
ssp. *xizangensis* Li et Zhang, 2015
중국 북서부 티베트 지역에 산다. 원기재문에는 다른 아종과 큰 차이는 없지만 가슴뿔 밑동이 가늘다고 적혀 있다.

● 선농지아 아종
ssp. *shennongji* Takeuchi, 2014
중국 허베이성 선농지아 자연 보호 구역에 산다. 머리뿔이 갈라지는 모양이 특이하지만 모든 개체가 그렇지는 않으므로 나중에 동물이명이 될 가능성이 있다.

● 시즈 아종
ssp. *shizuae* Adachi, 2017
일본 남부 야쿠섬과 다네가섬에 살며, 다른 아종에 비해 머리뿔이 짧다. 몸이 약간 붉고 광택은 강하다. 아다치 나오키가 표본 사진을 보내 주었다.

부모식표본(PARATYPE)
ⓒ Adachi, N.

장수풍뎅이 ⓒ Nicholashan

장수풍뎅이 ⓒ Eyeblink

장수풍뎅이 번데기 ⓒ Feathercollector

장수풍뎅이 ⓒ 2day929

장수풍뎅이 ⓒ Nicholashan

91 카나모리장수풍뎅이

Trypoxylus kanamorii Nagai, 2006

앞가슴등판 가장자리선이 뚜렷하다.

앞날개는 잔털 없이 매끈하다.

수컷

암컷

이름 유래

종명 카나모리이(*kanamorii*)는 2004년 7월에 채집한 표본을 나가이에게 기증해 정확한 분류를 의뢰했던 일본인 채집가 카나모리(K. Kanamori)에서 따왔다.

머리뿔을 뺀 몸길이는 최대 48mm이다. 미얀마 북부 사가잉주, 카친주에 산다.

기재자인 나가이는 암컷을 처음 보았을 때 본디 앞날개에 황토색 잔털이 있었지만 자연에서 움직이며 털이 떨어져 나갔으리라 생각했다고 한다. 그런데 여러 개체를 조사하면서 암컷 앞날개에는 원래 털이 없고 광택이 강한 점, 원명아종보다 수컷 앞가슴등판 가장자리선이 굵고 뚜렷한 점, 머리뿔이 몸에 비해 짧지만 굵은 점, 수컷 생식기 생김새가 다른 점을 찾아냈다. 이런 점을 바탕으로 2006년에 신종으로 발표했다.

머리뿔이 짧고 굵다.

다비드장수풍뎅이속

Xyloscaptes Prell, 1934

장수풍뎅이와 생김새가 비슷하지만 암수 모두 몸 폭이 넓어서 약간 뚱뚱해 보인다. 수컷 머리뿔 가운데에 양쪽으로 작은 돌기가 있으며, 암컷 앞가슴등판 가운데가 약간 눌렸고 앞쪽에 자잘한 점각이 많다.
이 무리에는 다비드장수풍뎅이 1종만 알려졌으며, 우단장수풍뎅이속으로 분류하는 학자도 있다.

이름 유래

속명 실로스카프테스(*Xyloscaptes*)는 라틴어로 나무에 구멍을 판다는 뜻이다. 나무에 구멍을 뚫는다는 뜻인 장수풍뎅이 속명 트리폭실루스(*Trypoxylus*)와 비슷하다.

다비드장수풍뎅이

Xyloscaptes davidis (Deyrolle et Fairmaire, 1878)

앞가슴등판에 점각이 넓게 퍼져 있고, 약간 눌린 곳이 있다.

수컷

암컷

암수 모두 몸 폭이 넓으며, 광택이 강하다.

이름 유래

종명 다비디스(*davidis*)는 몇 차례 중국을 방문하며 생물을 채집했고, 중국에서 채집한 다비드장수풍뎅이 표본을 학자에게 제공해 신종 발표에 도움을 준 프랑스 선교사 다비드(P. A. David)를 기려 지었다.

머리뿔을 뺀 몸길이는 최대 46mm이며 중국 중부와 남부, 베트남 중부와 북부에 산다. 1878년 원기재문에는 사는 곳이 중국 중부라고 나오며, 이곳에서 채집된 40mm 수컷이 모식표본으로 지정되었다. 예전에는 매우 보기 드문 종이었지만 최근에는 베트남에서 많이 발견된다.

머리뿔 끝이 뚜렷하게 두 갈래로 갈라진다.

머리뿔 가운데쯤 양옆에 작은 돌기 2개가 뚜렷하게 있다.

청동장수풍뎅이속

Chalcosoma Hope, 1837

지금까지 4종이 알려졌으며 아시아에서 가장 큰 장수풍뎅이가 속한 무리다. 수컷은 머리뿔 1개, 가슴뿔 2개가 있으며, 앞날개는 짙은 녹색이며 청동 빛이 돈다.

개체마다 몸집 차이가 크고 그에 따라 뿔 굵기나 길이도 다양하다. 크고 흔해서 잘 알려졌지만 몇몇 아종은 매우 보기 드물다.

이름 유래

속명 칼코소마(*Chalcosoma*)는 청동(chalco) 몸(soma)을 뜻한다. 청동장수풍뎅이속 종들은 온몸에 청동 빛이 돌며, 죽은 뒤에도 청동 빛이 그대로 남는다.

93 아틀라스청동장수풍뎅이

Chalcosoma atlas (Linnaeus, 1758)

원명아종

앞날개에 잔털이 빽빽하다.

수컷

암컷

이름 유래

종명 아틀라스(*atlas*)는 그리스 신화에 나오는 거인 아틀라스(Atlas)를 뜻한다.

몸길이는 최대 108mm이며 인도네시아 술라웨시섬, 토기안섬, 산기르섬, 시아우섬에 산다. 큰 수컷이라도 머리뿔 가운데에 돌기가 없어서 매끈하다. 원명아종 말고도 6아종이 더 알려졌으며, 머리뿔 끝에 작은 삼각형 돌기가 있는 아종도 있다.

머리뿔은 돌기가 없어서 매끈하다.

가슴뿔이 굵고 많이 휜다.

● 헤스페루스 아종
ssp. *hesperus* Erichson, 1834
필리핀에 살며, 아종 가운데 가장 크다. 앞가슴등판 앞쪽 뿔이 굵고 길며, 머리뿔 가운데에 삼각형 돌기가 있다.

● 키보 아종
ssp. *keyboh* Nagai, 2004
수마트라섬, 보르네오섬, 말레이반도와 그 주변에 산다. 가슴뿔이 조금 휘어 거의 평행이며, 머리뿔 가운데에 삼각형 돌기가 있다.

● 부톤 아종
ssp. *butonensis* Nagai, 2004
인도네시아 부톤섬에서 살며 매우 보기 드물다. 앞날개에 움푹 파인 세로 주름이 많다.

● 신타 아종
ssp. *shintae* Nagai, 2004
인도네시아 펠렝섬에서 드물게 보인다. 가슴뿔이 몸에 비해 가늘고 바깥으로 뻗는다.

● 만테쓰 아종
ssp. *mantetsu* Nagai, 2004
인도차이나반도에 살며, 원명아종에 비해 가슴뿔이 조금 휜다. 머리뿔에 돌기가 없어서 매끈하다.

● 시메울루에 아종
ssp. *simeuluensis* Nagai, 2004
인도네시아 시메울루에섬에 살며 매우 보기 드물다. 몸에 비해 가슴뿔이 굵고 짧다. 나가이가 표본 사진을 보내 주었다.

완모식표본(HOLOTYPE)
© Nagai, S.

94 케이론청동장수풍뎅이

Chalcosoma chiron (Olivier, 1789)

원명아종

이름 유래
종명 키론(*chiron*)은 그리스 신화에 나오는 괴물 케이론(Cheirōn)을 뜻한다. 라틴어 발음 그대로 읽는 키론으로도 많이 알려졌다.

아틀라스청동장수풍뎅이에 비해 앞날개 잔털이 듬성듬성하다.

수컷

암컷

아시아에서 가장 큰 장수풍뎅이로 머리뿔을 포함한 전체 길이가 135mm에 달하며, 모식산지는 인도네시아 자바섬이다. 아틀라스청동장수풍뎅이와 생김새가 비슷하지만 큰 개체는 머리뿔 가운데에 큰 돌기가 뚜렷하게 있다. 예전에 코카서스장수풍뎅이(*C. caucasus*)라는 이름으로 널리 알려졌지만 지금은 동물이명이므로 쓰지 않는다.

아종 가운데 유일하게 머리뿔 끝에 삼각형 돌기가 있다.

머리뿔 가운데에 뾰족하고 긴 돌기가 있다.

가슴뿔 굵기는 다양하지만 대개 조금 가늘다.

아종 가운데 몸집이 가장 작다.

몸집이 큰 수컷

가슴뿔과 머리뿔이 짧다.

머리뿔 가운데쯤에 있는 뾰족한 돌기도 뚜렷하지 않다.

몸집이 작은 수컷

● **커비 아종**
ssp. *kirbii* Hope, 1831
말레이시아 서부에 살며, 아종 가운데 가슴뿔이 가장 많이 휜다. 머리뿔 끝에 삼각형 돌기가 없으며, 몸집이 큰 수컷은 머리뿔 가운데에 뾰족한 돌기가 있다.

● **벨랑제 아종**
ssp. *belangeri* Guérin-Méneville, 1834
인도차이나반도, 말레이반도 북단 랑카위섬에 살며, 원명아종에 비해 가슴뿔이 조금 더 휜다. 머리뿔은 약간 휘며 가슴뿔보다 길고, 머리뿔 끝에 돌기가 없어서 매끈하다. 몸집이 큰 수컷은 머리뿔 가운데에 뾰족한 돌기가 있다.

● **얀센스 아종**
ssp. *janssensi* Beck, 1937
인도네시아 수마트라섬에 살며, 가슴뿔이 곧아서 아종 가운데 전체 길이가 가장 길다. 머리뿔 끝에 삼각형 돌기가 없으며, 몸집이 큰 수컷은 머리뿔 가운데에 뾰족한 돌기가 있다.

케이론청동장수풍뎅이 ⓒ Feathercollector

케이론청동장수풍뎅이 ⓒ Thongchai Saisanguanwong

모엘렌캄프청동장수풍뎅이

Chalcosoma moellenkampi Kolbe, 1900

> **이름 유래**
>
> 종명 모엘렌캄프이(*moellen-kampi*)는 장수풍뎅이를 연구했던 독일 곤충학자 모엘렌캄프(W. Möllenkamp)를 기려 지었다.

수컷

암컷

전체 길이는 최대 112mm이며 보르네오섬과 라우트섬에 산다. 가슴뿔이 매우 굵고 거의 평행으로 곧으며 양쪽 가슴뿔 밑동 사이가 좁다.

나가이에 따르면 보르네오섬 북부와 서부에서는 해발 1,500m 고지대를 중심으로 살지만 남부와 남동부에서는 500~600m 저지대에서도 많이 보인다.

가슴뿔은 매우 굵고 곧다.

몸집이 큰 수컷

머리뿔은 돌기 없이 매끈하다.

가슴뿔이 굵고 가슴뿔 밑동 사이가 더 좁다.

머리뿔에 돌기가 더 있다.

몸집이 작은 수컷

96

엔가노청동장수풍뎅이

Chalcosoma engganensis Nagai, 2004

이름 유래

종명 엔간엔시스(*engganensis*)는 모식지인 인도네시아 엔가노(Enggano)에서 따왔다.

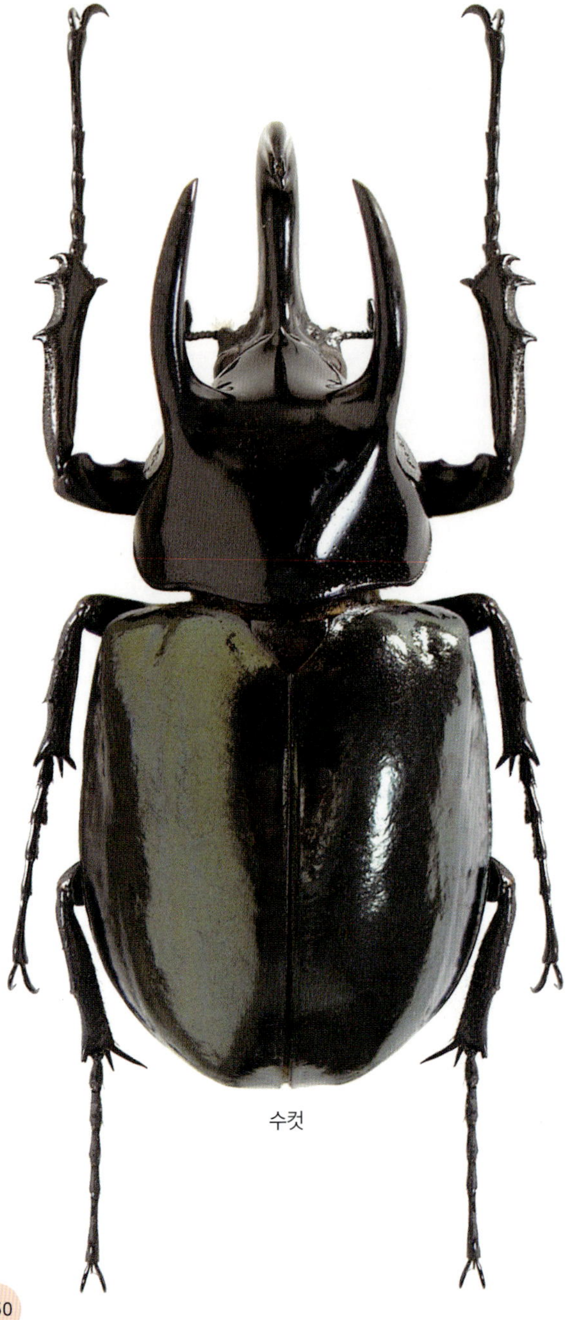

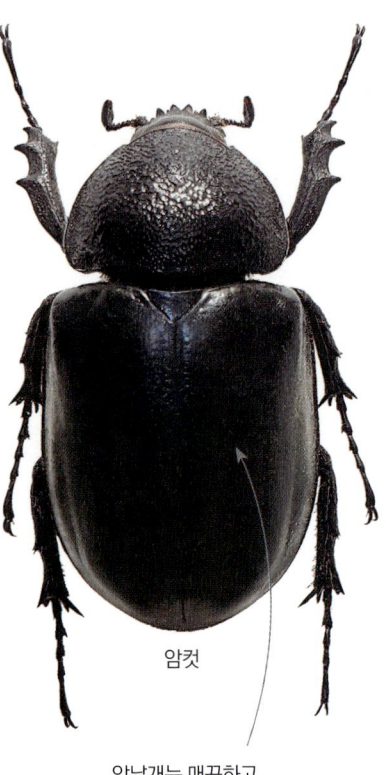

수컷

암컷

앞날개는 매끈하고 잔털이 없다.

신종으로 발표되었을 때에는 몸길이가 최대 50mm로 알려졌지만 뒷날 70mm를 웃도는 사육 개체가 나타나기도 했다. 원기재문에 따르면 암컷 앞날개는 광택이 강하고 털이 없이 매끈하며, 수컷 앞다리에 있는 돌기가 다른 종보다 짧다. 또한 60mm 이상으로 몸집이 큰 수컷은 머리뿔 가운데에 돌기가 2개 있다.

머리뿔 가운데쯤에 돌기가 2개 있다.

몸집이 큰 수컷

앞다리 바깥쪽 돌기가 다른 종에 비해 조금 작다.

머리뿔 끝에만 돌기가 살짝 솟았다.

몸집이 작은 수컷

오각장수풍뎅이속
Eupatorus Burmeister, 1847

우리말 속명에서 알 수 있듯 이 무리에 속한 종은 모두 뿔이 5개다. 지금까지 6종이 알려졌으며 사는 곳은 중국 남부에서 인도차이나반도와 말레이반도에 이르기까지 폭넓다. 박력 넘치는 외모와 달리 온순하다. 많은 종이 대나무 어린 싹에서 나오는 즙을 빨기 때문에 죽순이 돋는 가을에 많이 활동한다.

이름 유래
속명 에우파토루스(*Eupatorus*)는 훌륭한 민족 또는 왕의 후손을 뜻하는 그리스어(ευπατοροσ)에서 따왔다.

97

하드위크오각장수풍뎅이

Eupatorus hardwickii **Hope, 1831**

이름 유래

종명 하드위키이(*hardwickii*)는 네팔에 파견되었을 때 여러 곤충을 채집한 영국 육군 장교 하드위크(Hardwicke)를 기려 지었다. 하드위크가 수집한 표본을 영국 학자 호프가 살펴 신종으로 발표했다.

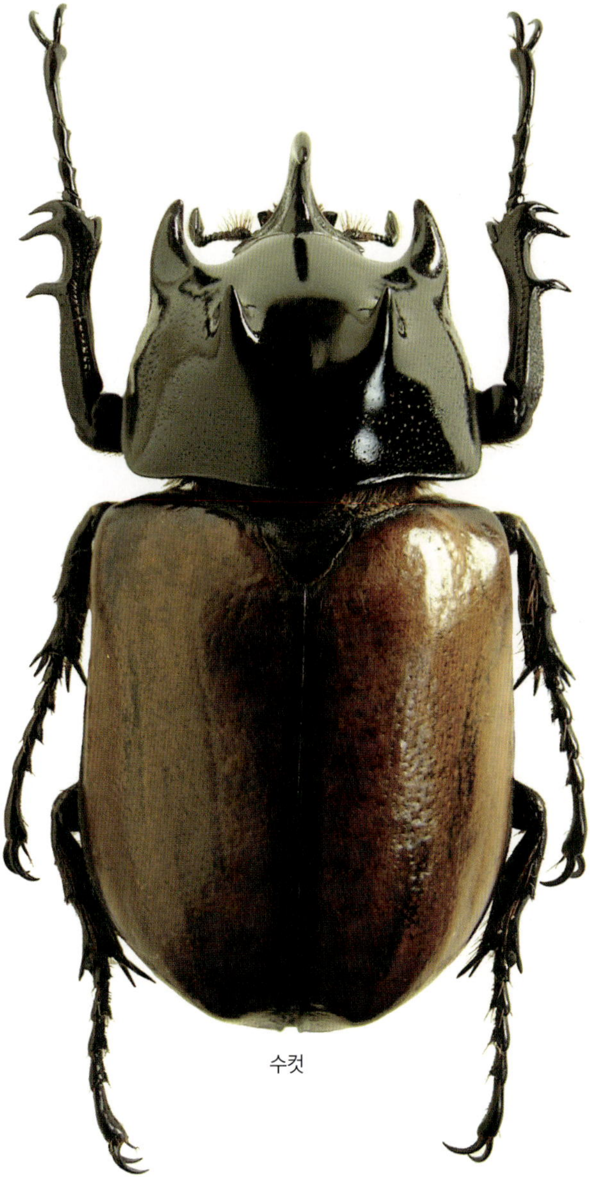

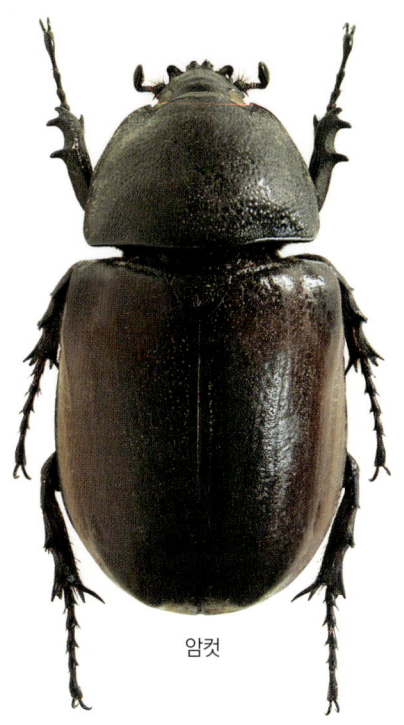

수컷

암컷

몸길이는 최대 70mm이며, 중국 남서부, 인도 북부, 네팔, 부탄, 미얀마 북부에 이르는 히말라야 지역에 산다. 앞날개 검은색 부분 너비와 모양에 따라서 기본형(앞날개가 모두 적갈색), 가장 흔한 캔터 변이형(앞날개가 검은색이지만 가장자리는 적갈색)이 알려졌으며, 앞날개가 모두 검은 변이형도 있지만 매우 드물다.

● 기본형

머리뿔은 굵으며 몸에 비해 짧다.

가슴뿔은 가늘며 몸에 비해 짧다.

● 캔터 변이형
var. *cantori* Hope, 1842

앞날개 가장자리만 적갈색이다.

98 시암오각장수풍뎅이

원명아종

Eupatorus siamensis (Castelnau, 1867)

 이름 유래
종명 시암엔시스(*siamensis*)는 모식지인 시암(태국 옛 이름)에서 따왔다.

수컷　　　　　암컷

몸길이는 최대 75mm이며, 몸은 검은색 또는 진한 흑갈색이다. 앞가슴등판 아래쪽 가슴뿔 2개는 짧막하고 위쪽 가슴뿔 2개는 길다. 모식지인 태국에서부터 인도, 미얀마, 베트남까지 분포한다고 알려졌지만 2013년에 가슴뿔이 매우 짧은 개체군이 중국 하이난섬에서 발견되어 아종으로 발표되었다.

아래쪽 가슴뿔 2개는 짧지만 뚜렷하다.

위쪽 가슴뿔 2개는 바깥으로 뻗는다.

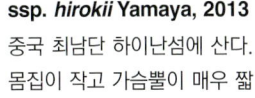

● 히로키 아종
ssp. *hirokii* Yamaya, 2013
중국 최남단 하이난섬에 산다. 몸집이 작고 가슴뿔이 매우 짧으며, 다리 발목마디가 원명아종보다 짧다.

99 버마오각장수풍뎅이
Eupatorus birmanicus Arrow, 1908

수컷　　　암컷

이름	유래

종명 비르마니쿠스(*birmanicus*)는 모식지인 버마(Burma, 미얀마 옛 이름)에서 따왔다. 처음 발견된 나라는 미얀마이지만 지금은 꽤 드물고, 뒤늦게 알려진 서식지 태국에서 더 많이 보인다.

몸길이는 최대 70mm이다. 미얀마와 태국에 살며 앞가슴등판 위쪽 가슴뿔 2개가 마치 토끼 귀처럼 위로 솟았다. 예전에는 흔했던 종 같지만 요즘에는 사는 곳 환경이 파괴되면서 보기 어려워졌다.

위쪽 가슴뿔이 위로 길게 뻗었다.

아래쪽 가슴뿔은 짧지만 뚜렷하다.

큰오각장수풍뎅이

Eupatorus gracilicornis Arrow, 1908

원명아종

이름 유래
종명 그라킬리코르니스(*gracilicornis*)는 멋진(gracili) 뿔(cornis)을 뜻한다. 이에 걸맞게 커다란 뿔 5개가 멋져 보인다.

수컷   암컷

몸길이는 최대 100mm이며, 오각장수풍뎅이속을 대표할 만큼 널리 알려졌고 흔하다. 인도 북동부, 중국 남부, 인도차이나반도, 말레이시아 서부에 살며, 분포 지역이 매우 넓기 때문에 원명아종 말고도 4아종이 더 알려졌다. 특히 태국 치앙마이는 이 종의 유명한 채집지이다.

아래쪽 가슴뿔이 위쪽보다 길다.

머리뿔이 덜 휘고 곧다.

몸집이 큰 수컷

머리뿔과 가슴뿔이 짧다.

몸집이 작은 수컷

● 프란디 아종
ssp. *prandii* Moskalenko, 2017
베트남 남부에 살며, 원명아종에 비해 몸길이 대비 가슴뿔이 약간 짧다.

● 키미오 아종
ssp. *kimioi* Hirasawa, 1991
태국 남서부 칸차나부리에 산다. 위쪽 가슴뿔이 아래쪽보다 길다.

● 에다 아종
ssp. *edai* Hirasawa, 1991
태국과 미얀마 국경 지역 도우나산맥에 산다. 앞날개가 어두운 자주색이며 광택이 조금 더 강하다.

● 다비드고 아종
ssp. *davidgohi* Yamaya, 2013
말레이반도에 살며, 원명아종에 비해 몸길이 대비 가슴뿔이 매우 짧다. 야마야가 표본 사진을 보내 주었다.

완모식표본(HOLOTYPE)
ⓒ Yamaya, S.

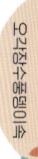

큰오각장수풍뎅이 ⓒ Denboma

101 수키트오각장수풍뎅이
Eupatorus sukkiti Miyashita et Arnaud, 1996

수컷

암컷

이름 유래

종명 수키트이(*sukkiti*)는 처음 이 종을 채집한 태국 수집가 수키트 (P. Sukkit)를 기려 지었다. 수키트는 미얀마에서 활동하며 일본 연구자들에게 표본을 많이 제공했기 때문에 일본인이 발표하는 곤충 신종 또는 신아종에는 수키트를 기려 붙인 이름이 많다.

몸길이는 최대 75mm이며, 중국 남부, 미얀마 북부에 산다. 앞날개가 적갈색인 하드위크오각장수풍뎅이 기본형과 생김새가 비슷하지만, 위쪽 가슴뿔 2개가 더 길고 비스듬하게 위로 뻗으며, 머리뿔도 가늘고 길며 많이 휜다. 2000년대 초중반까지만 해도 미얀마 특산종으로 여겼고 보기 드물었지만, 2009년에 중국 남부 지방에서도 새로운 서식지가 발견되면서 이제 많이 보인다.

― 머리뿔은 가늘고 많이 휜다.

― 위쪽 가슴뿔은 가늘고 길며 위로 뻗는다.

― 아래쪽 가슴뿔은 짧지만 뚜렷하다.

102 엔도오각장수풍뎅이
Eupatorus endoi Nagai, 1999

이름 유래

종명 엔도이(*endoi*)는 기재자인 나가이에게 표본을 기증해 정확한 분류를 의뢰했던 일본 수집가 엔도(T. Endo)를 기려 지었다.

종아리마디 바깥쪽 돌기가 다른 종에 비해 작다.

수컷

암컷

몸길이는 최대 50mm이며, 베트남 남부에 산다. 몸집이 작은 수컷은 머리뿔 끝이 둘로 뚜렷하게 갈라지지만 큰 수컷은 갈라지지 않는다. 위쪽 가슴뿔 2개는 굵고 짧으며 아래쪽 2개는 거의 두드러지지 않는다. 암컷은 앞다리 종아리마디 바깥쪽 돌기가 다른 종에 비해 작다.

1991년 9월 6일에 처음으로 암수 한 쌍이 채집된 뒤 20년이 넘게 추가 기록이 없었지만, 최근 베트남에서 집단 서식지가 밝혀지면서 많이 보인다.

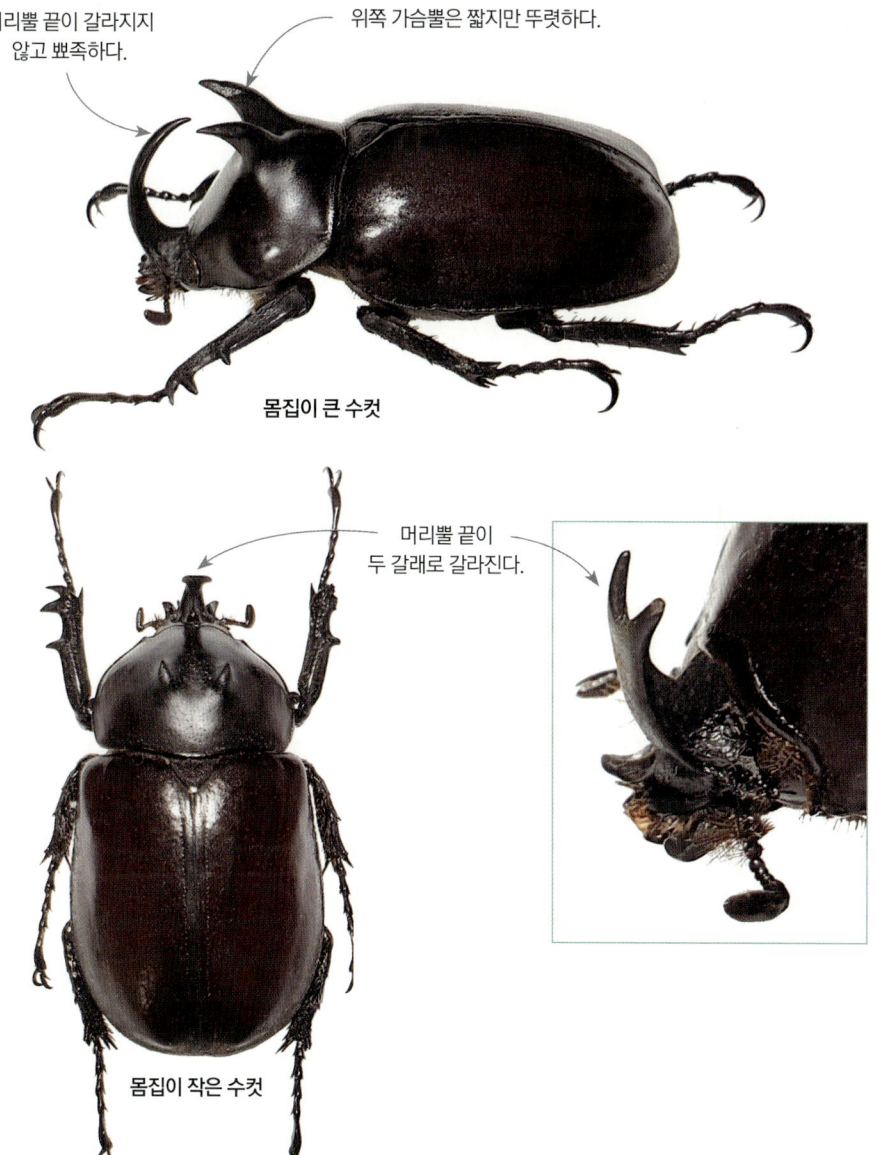

머리뿔 끝이 갈라지지 않고 뾰족하다.

위쪽 가슴뿔은 짧지만 뚜렷하다.

몸집이 큰 수컷

머리뿔 끝이 두 갈래로 갈라진다.

몸집이 작은 수컷

굵은남방장수풍뎅이속
Pachyoryctes Arrow, 1908

몸은 뚱뚱하고 앞가슴등판이 깊게 눌린다. 인도차이나반도 태국과 미얀마에 사는 2종이 알려졌다. 2종 모두 영국 학자 애로우가 발표했다. 애로우는 1908년 원기재문에서 이 무리가 남방장수풍뎅이족과 많이 닮았지만 뒷다리 발목마디와 큰턱 생김새 등으로 볼 때 장수풍뎅이족 청동장수풍뎅이속에 가까운 무리라고 기록했다.

이름 유래

속명에서 오리크테스(*oryctes*)는 단단한 땅을 파헤치는 생물을 뜻하는 그리스어(ὀρύκτης)에서 따왔다. 여기에 굵다 또는 두껍다는 뜻인 파키(*pachy*)를 앞에 붙였다. 그러니까 몸이 굵으면서 단단한 땅을 파헤치는 생물이라는 뜻이다. 이 무리는 애벌레 때 땅속에 살면서 나무뿌리에 해를 입힌다.

103 태국굵은남방장수풍뎅이
Pachyoryctes solidus Arrow, 1908

수컷   암컷

이름 유래
종명 솔리두스(*solidus*)는 튼튼하다는 뜻이다.

몸길이는 최대 50mm로 암수 모두 작달막하며, 미얀마와 태국에 산다. 몸은 검은색 또는 흑갈색이다. 원기재문에서는 버마(미얀마 옛 이름)에 있는 카린체바(Carin Cheba) 지역 해발 650~1,000m 지대에 산다고 기록했다. 지금은 미얀마보다는 치안이 안정된 태국에서 더 많이 기록되고 있으며, 수컷에 비해 암컷 수가 매우 적다.

머리뿔이 많이 휜다.

앞가슴등판 가운데가 가장자리보다 덜 눌린다.

104 미얀마굵은남방장수풍뎅이
Pachyoryctes elongatus Arrow, 1941

수컷

암컷

이름 유래
종명 엘롱가투스(*elongatus*)는 길게 늘였다는 뜻이며, 태국굵은남방장수풍뎅이보다 몸이 조금 더 날렵해서 이렇게 지은 듯하다.

길이는 최대 50mm이며, 매우 보기 드문 미얀마 특산종이다. 태국굵은남방장수풍뎅이와 생김새가 비슷하지만 앞가슴등판 눌린 곳이나 수컷 생식기 모양이 다르다. 엔드로에디는 1985년 논문에서 암컷은 태국 종에 비해 더 길쭉하다고 기록했다.

앞가슴등판 가장자리에서부터 가운데까지 일정하게 눌린다.

호주장수풍뎅이속
Haploscapanes Arrow, 1908

온몸은 검은색 또는 진한 흑갈색이다. 몸길이 50mm 정도인 호주 특산 3종이 있었지만, 2004년에 프랑스 학자 드샹브르와 벨기에 학자 드뤼몽이 함께 연구해 호주 북쪽 파푸아뉴기니에 사는 신종을 발표하면서 4종이 되었다.

이름 유래

속명 하플로스카파네스(*Haploscapanes*)는 땅굴을 판다는 뜻인 라틴어 스카파네(skapane)와 단순하다는 뜻인 접두사 하플로(haplo)를 합친 말이다. 호주 북쪽 솔로몬제도에서부터 파푸아뉴기니에 이르는 지역에는 이 무리와 생김새가 비슷하면서 머리뿔과 가슴뿔이 더 긴 스카파네스속(*Scapanes*)이 산다. 아마 스카파네스속보다 뿔이 짧아 생김새가 단순해 보인다는 뜻으로 지은 듯하다.

바르바로사호주장수풍뎅이

Haploscapanes barbarossa Fabricius, 1775

이름 유래
종명 바르바로사(*barbarossa*)는 신성 로마 제국 황제였던 바르바로사(F. Barbarossa)에서 따왔다.

수컷

암컷

몸길이는 최대 56mm이며, 호주 중부와 북부 해안 지대를 중심으로 퍼져 산다. 머리뿔은 짧고 뾰족하며 앞날개와 앞가슴등판에 점각이 있다. 몸집이 매우 큰 수컷은 앞가슴등판 앞쪽에 짤막한 가슴뿔이 2개 있지만, 이 특징이 뚜렷하게 나타나는 개체는 매우 보기 어렵다. 아주 흔하지는 않지만 호주장수풍뎅이속 가운데에서는 그나마 자주 보인다.

앞가슴등판 앞쪽에 짧은 뿔이 2개 나타나는 개체도 있지만 흔하지는 않다.

머리뿔 끝이 조금 뭉툭하고 휘었다.

몸집이 큰 수컷

앞가슴등판에 짧은 뿔이 없다.

몸에 자잘한 점각이 매우 많다.

몸집이 작은 수컷

106

긴뿔호주장수풍뎅이

Haploscapanes australicus **Arrow, 1908**

이름 유래

종명 오스트랄리쿠스(*australicus*)는 모식지인 호주(Australia)에서 따왔다.

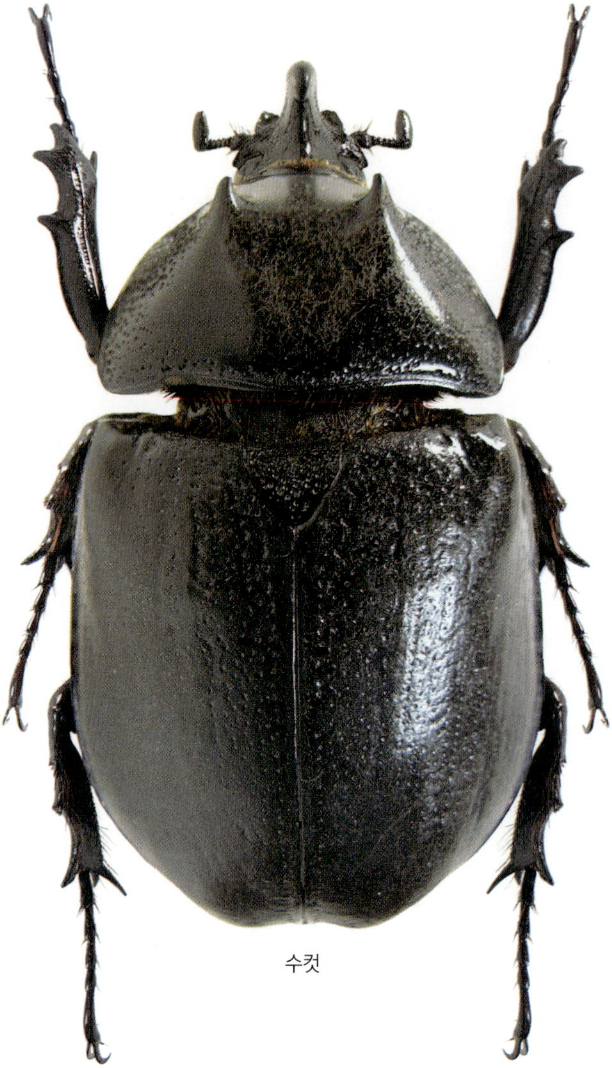

수컷

짧은 머리뿔이 있고
앞가슴등판에 살짝
도드라진 곳이 있다.

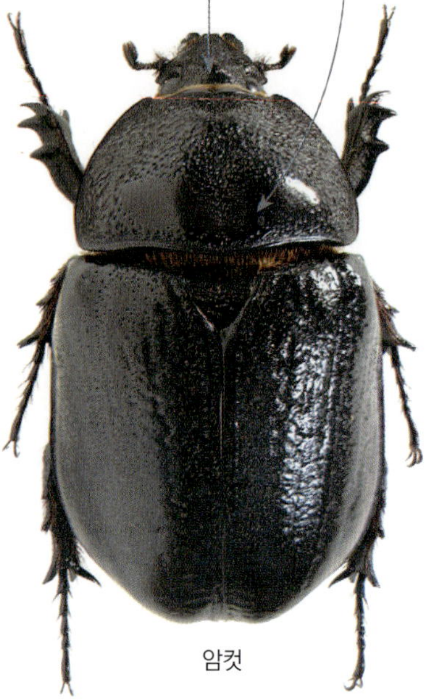

암컷

몸길이는 최대 53mm이며, 호주 북부, 동부, 서부 해안 지대에 산다. 모식지는 호주 북동부에 있는 퀸즐랜드주이다. 호주장수풍뎅이속 가운데 뿔이 가장 길며 가슴뿔 2개가 바르바로사호주장수풍뎅이보다 길고 뿔 간격도 넓다. 매우 드물게 보인다.

머리뿔 가운데쯤에 작은 돌기가 더 있다.

가슴뿔이 크다.

몸집이 큰 수컷

가슴뿔이 흔적만 있거나 매우 짧다.

몸에 자잘한 점각이 매우 많다.

몸집이 작은 수컷

107 이네르미스호주장수풍뎅이
Haploscapanes inermis Prell, 1911

앞다리 종아리마디 바깥쪽에 돌기가 없다.

머리뿔이 거의 없다.

수컷
후모식표본(LECTOTYPE)
ⓒ Jaeger, B.

종명 이네르미스(*inermis*)는 라틴어로 돌기 또는 뿔이 없다는 뜻이다. 다른 종에는 작게나마 있는 뿔이 거의 없어서 지은 이름이다.

몸길이는 최대 37mm로, 호주장수풍뎅이 무리 가운데 가장 작다. 앞다리 종아리마디 바깥쪽에 돌기가 없어서 매끈하다. 호주에 사는 3종 가운데 가장 보기 어렵다. 1911년 신종으로 발표될 때 수컷 3개체와 암컷 1개체가 알려졌으나 그 뒤로 추가 기록이 거의 없다. 독일 베를린 자연사박물관에 보관된 수컷 후모식표본을 이 박물관 소속 연구자 베른트 예거가 사진 찍어 보내 주었다.

후모식표본(LECTOTYPE)
ⓒ Jaeger, B.

108 파푸아호주장수풍뎅이
Haploscapanes papuanus Dechambre et Drumont, 2004

암컷
완모식표본(HOLOTYPE)
ⓒ Drumont, A.

종명 파푸아누스(*papuanus*)는 모식지인 파푸아뉴기니(Papua New Guinea)에서 따왔다.

1996년 6월에 파푸아뉴기니에서 채집된 몸길이 49mm 암컷 1개체로 신종 발표되었지만, 그 뒤로 지금까지 다른 개체가 발견되지 않고 있다. 그 표본은 벨기에 왕립자연사박물관에 소장되어 있으며, 이 박물관 소속 학자이자 기재자인 알라인 드뤼몽이 완모식표본 사진을 보내 주었다.

삼각장수풍뎅이속

Beckius Dechambre, 1992

프랑스 파리 국립자연사박물관에서 곤충 큐레이터로 일하며 장수풍뎅이 논문을 무척 많이 발표했던 드샹브르가 기재한 속으로, 베카리삼각장수풍뎅이 1종만 알려졌다. 우리말 속명에서 알 수 있듯이 머리뿔과 가슴뿔을 합해서 뿔이 모두 3개 있다.

이름 유래
속명 벡키우스(*Beckius*)는 1900년대 초에 활동했던 프랑스 장수풍뎅이 연구자 벡(Beck)을 기려 지었다.

109

베카리삼각장수풍뎅이

원명아종

Beckius beccarii **(Gestro, 1876)**

이름 유래

종명 베카리이(*beccarii*)는 인도네시아 식물을 연구하다가 1875년에 이 종을 처음 채집해 신종 발표에 이바지했던 이탈리아 식물학자 베카리(O. Beccari)를 기려 지었다.

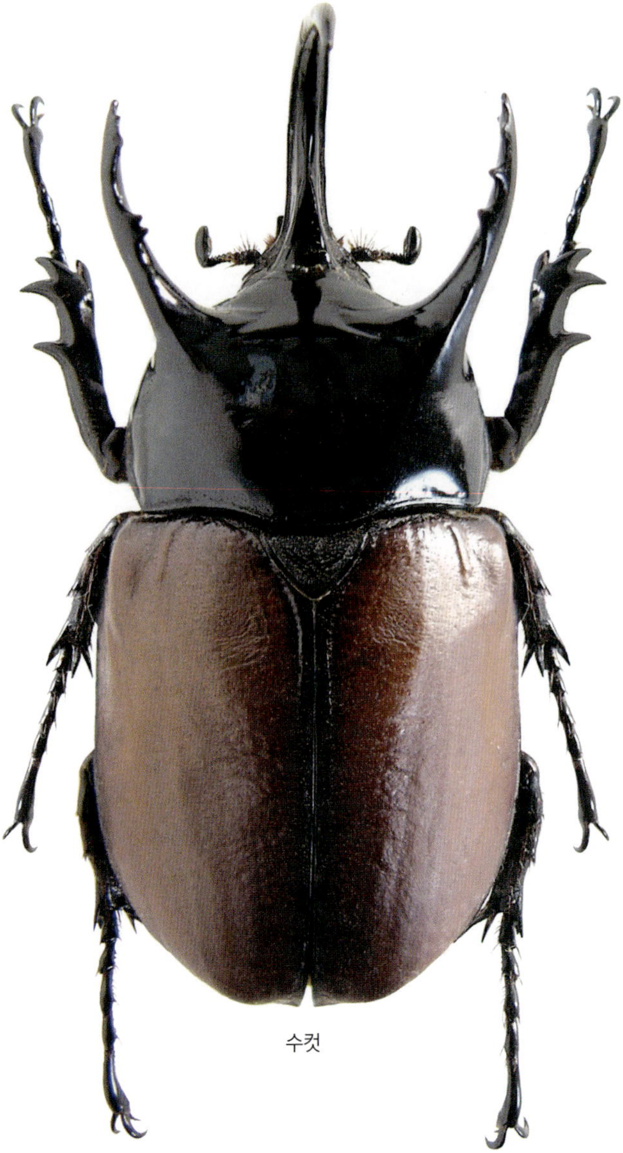

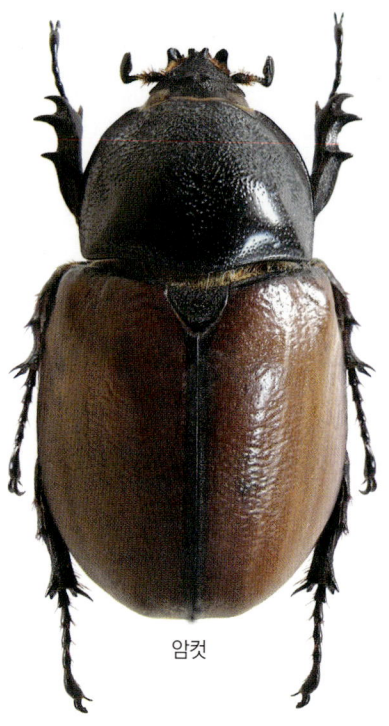

수컷

암컷

몸길이는 최대 70mm이다. 처음에는 인도네시아 아르파크(Arfak)산맥에서 채집된 55mm 수컷을 모식표본으로 삼아 청동장수풍뎅이속(*Chalcosoma*)으로 발표했지만 뒤에 삼각장수풍뎅이속으로 바뀌었다. 원명아종 말고도 머리뿔과 가슴뿔 생김새가 조금 다른 2아종이 알려졌다.

- 머리뿔이 많이 휜다.
- 가슴뿔이 류수이 아종보다 굵다.
- 가슴뿔 위쪽에 작은 돌기가 있다.

● 콜레타 아종
ssp. *koletta* Voirin, 1978
인도네시아 뉴기니섬 아르파크산맥 서부에 산다. 가슴뿔이 굵고 위쪽에 작은 돌기가 있으며, 암수 앞날개는 어두운 흑자색 또는 검은색에 가깝다.

● 류수이 아종
ssp. *ryusuii* Nagai, 2006
인도네시아 뉴기니섬 파크파크(Fak-fak)산맥에 산다. 가슴뿔이 원명아종보다 가늘고 조금 앞으로 뻗으며, 위쪽에 돌기가 없다. 머리뿔은 원명아종보다 덜 휜다.

찾아보기

* 이름 뒤에 붙은 번호는 쪽 번호가 아니라 책에 실은 순서에 따라 붙인 각 종의 고유 번호입니다.
  궁금한 종이 있으면 고유 번호를 찾아 살펴보세요.

국명(우리말 이름)

가봉아프리카장수풍뎅이 • 61
갈고리애왕장수풍뎅이 • 75
거북톱뿔장수풍뎅이 • 35
고존톱뿔장수풍뎅이 • 43
굵은뿔애왕장수풍뎅이 • 66
그랜트왕장수풍뎅이 • 3
기드온애왕장수풍뎅이 • 62
기에스코끼리장수풍뎅이 • 17
긴뿔호주장수풍뎅이 • 106
꼬마애왕장수풍뎅이 • 63
남방애왕장수풍뎅이 • 81
넓적톱뿔장수풍뎅이 • 49
넵투누스왕장수풍뎅이 • 7
노게이라코끼리장수풍뎅이 • 15
니제쉬애왕장수풍뎅이 • 78
다마르애왕장수풍뎅이 • 65
다비드장수풍뎅이 • 92
단색톱뿔장수풍뎅이 • 32
대장장이애왕장수풍뎅이 • 88
둥근톱뿔장수풍뎅이 • 53
로르켕애왕장수풍뎅이 • 69
루마위그애왕장수풍뎅이 • 85
르콩트코끼리장수풍뎅이 • 25
리모게스톱뿔장수풍뎅이 • 59
린다애왕장수풍뎅이 • 87
마르스코끼리장수풍뎅이 • 12
마야왕장수풍뎅이 • 6
맥클레이애왕장수풍뎅이 • 73
모론왕장수풍뎅이 • 5
모엘렌캄프청동장수풍뎅이 • 95
미누타톱뿔장수풍뎅이 • 34
미얀마굵은남방장수풍뎅이 • 104
바그너톱뿔장수풍뎅이 • 51

바르바로사호주장수풍뎅이 • 105
바즈드멜루코끼리장수풍뎅이 • 11
버마오각장수풍뎅이 • 99
베카리삼각장수풍뎅이 • 109
베커애왕장수풍뎅이 • 80
보그트코끼리장수풍뎅이 • 28
빌트루트애왕장수풍뎅이 • 84
사탄왕장수풍뎅이 • 8
서방코끼리장수풍뎅이 • 14
세드로스코끼리장수풍뎅이 • 26
소크라테스애왕장수풍뎅이 • 83
솔리스톱뿔장수풍뎅이 • 40
수마트라애왕장수풍뎅이 • 64
수키트오각장수풍뎅이 • 101
스보보다코끼리장수풍뎅이 • 16
스파사톱뿔장수풍뎅이 • 44
슬리퍼코끼리장수풍뎅이 • 24
시날로아톱뿔장수풍뎅이 • 57
시암애왕장수풍뎅이 • 82
시암오각장수풍뎅이 • 98
아누비스코끼리장수풍뎅이 • 21
아르헨티나톱뿔장수풍뎅이 • 50
아이게우스톱뿔장수풍뎅이 • 37
아틀라스청동장수풍뎅이 • 93
악타이온코끼리장수풍뎅이 • 9
안티쿠아톱뿔장수풍뎅이 • 52
앞톱뿔장수풍뎅이 • 54
야누스코끼리장수풍뎅이 • 10
에아쿠스톱뿔장수풍뎅이 • 42
엔가노청동장수풍뎅이 • 96
엔도오각장수풍뎅이 • 102
요한슨코끼리장수풍뎅이 • 29
우단장수풍뎅이 • 89
율리시스애왕장수풍뎅이 • 72

이네르미스톱뿔장수풍뎅이 • 33
이네르미스호주장수풍뎅이 • 107
임벨리스톱뿔장수풍뎅이 • 48
잉카톱뿔장수풍뎅이 • 39
작은돌기애왕장수풍뎅이 • 76
장수풍뎅이 • 90
점각코끼리장수풍뎅이 • 23
카나모리장수풍뎅이 • 91
케이론청동장수풍뎅이 • 94
켄타우로스아프리카장수풍뎅이 • 60
코끼리장수풍뎅이 • 13
코스타리카톱뿔장수풍뎅이 • 46
큰오각장수풍뎅이 • 100
클라비거톱뿔장수풍뎅이 • 36
클레이니아스애왕장수풍뎅이 • 86
타도애왕장수풍뎅이 • 67
태국굵은남방장수풍뎅이 • 103
털보애왕장수풍뎅이 • 68
털보톱뿔장수풍뎅이 • 47
테르산드로스톱뿔장수풍뎅이 • 30
테르시테스코끼리장수풍뎅이 • 27
텔레마코스애왕장수풍뎅이 • 77
티티오스왕장수풍뎅이 • 2
티폰코끼리장수풍뎅이 • 18
파체코코끼리장수풍뎅이 • 22
파푸아호주장수풍뎅이 • 108
패러독스톱뿔장수풍뎅이 • 58
펠라곤톱뿔장수풍뎅이 • 45
포터톱뿔장수풍뎅이 • 38
폴리안애왕장수풍뎅이 • 71
푸실라톱뿔장수풍뎅이 • 31
푸에블라톱뿔장수풍뎅이 • 56
플로레스애왕장수풍뎅이 • 79
피사로톱뿔장수풍뎅이 • 41
필리핀애왕장수풍뎅이 • 70
하드위크오각장수풍뎅이 • 97
헤라클레스왕장수풍뎅이 • 1
헤르메스코끼리장수풍뎅이 • 20
헨리톱뿔장수풍뎅이 • 55

호주애왕장수풍뎅이 • 74
히페리온코끼리장수풍뎅이 • 19
힐로스왕장수풍뎅이 • 4

학명

Allomyrina pfeifferi • 89
Augosoma centaurus • 60
Augosoma hippocrates • 61
Beckius beccarii • 109
Chalcosoma atlas • 93
Chalcosoma chiron • 94
Chalcosoma engganensis • 96
Chalcosoma moellenkampi • 95
Dynastes (Dynastes) grantii • 3
Dynastes (Dynastes) hercules • 1
Dynastes (Dynastes) hyllus • 4
Dynastes (Dynastes) maya • 6
Dynastes (Dynastes) moroni • 5
Dynastes (Dynastes) tityus • 2
Dynastes (Theogenes) neptunus • 7
Dynastes (Theogenes) satanas • 8
Eupatorus birmanicus • 99
Eupatorus endoi • 102
Eupatorus gracilicornis • 100
Eupatorus hardwickii • 97
Eupatorus siamensis • 98
Eupatorus sukkiti • 101
Golofa (Golofa) aegeon • 37
Golofa (Golofa) antiqua • 52
Golofa (Golofa) argentina • 50
Golofa (Golofa) clavigera • 36
Golofa (Golofa) cochlearis 49
Golofa (Golofa) costaricensis 46
Golofa (Golofa) eacus • 42
Golofa (Golofa) gaujoni • 43
Golofa (Golofa) globulicornis • 53
Golofa (Golofa) henrypitieri • 55
Golofa (Golofa) hirsuta • 47
Golofa (Golofa) imbellis • 48

Golofa (Golofa) incas • 39
Golofa (Golofa) limogesi • 59
Golofa (Golofa) obliquicornis • 54
Golofa (Golofa) paradoxa • 58
Golofa (Golofa) pelagon • 45
Golofa (Golofa) pizarro • 41
Golofa (Golofa) porteri • 38
Golofa (Golofa) solisi • 40
Golofa (Golofa) spatha • 44
Golofa (Golofa) tepaneneca • 56
Golofa (Golofa) wagneri • 51
Golofa (Golofa) xiximeca • 57
Golofa (Mixigenus) pusilla • 31
Golofa (Mixigenus) tersander • 30
Golofa (Praogolofa) inermis • 33
Golofa (Praogolofa) minuta • 34
Golofa (Praogolofa) testudinaria • 35
Golofa (Praogolofa) unicolor • 32
Haploscapanes australicus • 106
Haploscapanes barbarossa • 105
Haploscapanes inermis • 107
Haploscapanes papuanus • 108
Megasoma actaeon • 9
Megasoma anubis • 21
Megasoma cedrosa • 26
Megasoma elephas • 13
Megasoma gyas • 17
Megasoma hermes • 20
Megasoma hyperion • 19
Megasoma janus • 10
Megasoma joergenseni • 29
Megasoma lecontei • 25
Megasoma mars • 12
Megasoma nogueirai • 15
Megasoma occidentalis • 14
Megasoma pachecoi • 22
Megasoma punctulatus • 23
Megasoma sleeperi • 24
Megasoma svobodaorum • 16

Megasoma thersites • 27
Megasoma typhon • 18
Megasoma vazdemelloi • 11
Megasoma vogti • 28
Pachyoryctes elongatus • 104
Pachyoryctes solidus • 103
Trypoxylus dichotomus • 90
Trypoxylus kanamorii • 91
Xyloscaptes davidis • 92
Xylotrupes australicus • 74
Xylotrupes beckeri • 80
Xylotrupes carinulus • 76
Xylotrupes clinias • 86
Xylotrupes damarensis • 65
Xylotrupes faber • 88
Xylotrupes falcatus • 75
Xylotrupes florensis • 79
Xylotrupes gideon • 62
Xylotrupes inarmatus • 63
Xylotrupes lorquini • 69
Xylotrupes lumawigi • 85
Xylotrupes macleayi • 73
Xylotrupes meridionalis • 81
Xylotrupes mniszechii • 78
Xylotrupes pachycera • 66
Xylotrupes pauliani • 71
Xylotrupes philippinensis • 70
Xylotrupes pubescens • 68
Xylotrupes rinndaae • 87
Xylotrupes siamensis • 82
Xylotrupes socrates • 83
Xylotrupes sumatrensis • 64
Xylotrupes tadoana • 67
Xylotrupes telemachos • 77
Xylotrupes ulysses • 72
Xylotrupes wiltrudae • 84